Gartenmomente

KRÄUTER IM GARTEN

EMF

EIN BUCH DER
EDITION MICHAEL FISCHER

INHALTSVERZEICHNIS

VORWORT **4**

GARTENWISSEN **5**
Eine kleine Kräutergeschichte 6
Ansprüche und Pflege von Kräutern 8
Fruchtfolgen und Nachbarn 12

GARTENPRAXIS **15**
Platz für Kräuter ist überall 16
Beetplan: Küchenkräuterbeet 20
Beetplan: Hausapotheke 24
Kräuter ernten und konservieren 30
Kräuter verwenden: In der Küche 32
Kräuter verwenden: Hausapotheke 34

PFLANZENPORTRÄTS **39**
Gartenkräuter 40
Wildkräuter 52

VORWORT

Die große Gruppe der sogenannten Kräuter ist enorm wichtig für den Menschen. So werden Kräuter in verschiedenster Weise in der Küche verwendet, wo man sie zum Würzen und Garnieren einsetzt. Auch die Medizin bedient sich bereits seit Jahrtausenden der heilenden Wirkstoffe, die in manchen Kräutern enthalten sind. Nicht zuletzt erfreuen sich viele Kräuter aufgrund ihrer positiven kosmetischen Wirkung einer großen Beliebtheit.

Während sich eine beachtliche Zahl an Kräutern gut zur Kultivierung im Garten eignet, ist es bei anderen oft effektiver, sie in der freien Natur zu sammeln. Dieses Buch möchte Sie auf eine Reise in die wunderbare Welt der Kräuter entführen. Auf dieser Reise lernen Sie nicht nur zahlreiche Kräuter in Wort und Bild kennen, sondern erfahren auch, wofür sie sich am besten verwenden lassen. Darüber hinaus erhalten Sie nützliche Hinweise, wie sich Kräuter im Garten, auf dem Balkon oder sogar auf der Fensterbank so kultivieren lassen, dass sie optimale Erträge liefern. Effiziente Tipps zur Lagerung und Konservierung von Kräutern sowie eine Vielzahl an raffinierten Kochrezepten und Ratschlägen zu medizinischen Einsatzmöglichkeiten runden das Thema ab.

GARTEN WISSEN

EINE KLEINE KRÄUTERGESCHICHTE

Schon immer hat sich der Mensch intensiv mit seiner Umwelt befasst. So war er stets bestrebt, zu ergründen, welche Geheimnisse hinter allen möglichen Dingen stecken. Als das Geheimnis der Wirkung von Kräutern gelüftet wurde, wurden sie sogleich vorteilhaft genutzt.

SO ALT WIE DIE MENSCHHEIT

Seit es Menschen gibt, werden Kräuter genutzt. Anfangs waren diese ein wichtiger Bestandteil der täglichen Nahrung, bei deren Verzehr die Menschen vielfältige Erfahrungen sammelten. In einem Prozess, der sich Zehntausende, wenn nicht sogar Hunderttausende von Jahren erstreckte, stellten sie fest, dass es ihnen nach dem Verzehr bestimmter Kräuter gesundheitlich besser ging. Diese Erfahrungen wurden mündlich von Generation zu Generation weitergegeben. Oftmals begannen einzelne Personen, wie Schamanen, die in den Sippen der Jäger und Sammler lebten, sich intensiver mit Kräutern zu befassen. Vermutlich verwendeten sie auch bei Ritualen Kräuter, wenn sie beispielsweise den Geistern Opfer brachten und diese dabei um Jagderfolg und Wohlergehen für ihre Sippe baten. Gleichzeitig waren diese Personen die Vorläufer der ersten Ärzte. Indem sie Kranken auch spezielle Kräuter zum Verzehr verabreichten, wurden gelegentlich Erfolge erzielt. Vermutlich begannen die frühen Menschen auch schon, ihre Nahrung mit Kräutern zu würzen.

KRÄUTER IN DER MEDIZIN

Aus den alten Hochkulturen, beispielsweise denen der Chinesen, Ägypter sowie der antiken griechischen Stadtstaaten, liegen schriftliche Nachweise über die Verwendung von Kräutern in Küche und Medizin vor. Obwohl zu jener Zeit noch so manche Pflanze medizinisch falsch oder wirkungslos eingesetzt wurde, war das damalige Kräuterwissen schon sehr beachtlich.

Zu Beginn des Mittelalters waren es vor allem die Klöster, die sich intensiv der Kräuterkunde widmeten. Viele besaßen umfangreiche Gärten, in denen sie sowohl Heil- als auch Küchenkräuter anbauten. Die wohl bekannteste Kräuterkundlerin jener Zeit war die Äbtissin Hildegard (1098–1179), die sich intensiv mit der heilenden Wirkung von Kräutern befasste.

Ein berühmter Arzt, der zum Ende des Mittelalters praktizierte und revolutionäre Denkansätze hatte, war Theophrastus Bombast von Hohenheim (1494–1541), besser bekannt als Paracelsus. Er nutzte ganz gezielt Kräuter für therapeutische Zwecke und erreichte für die damalige Zeit eine ganze Reihe hervorragender Heilerfolge.

Zu den Schrittmachern, die nicht nur Kräuter für medizinische Anwendungen einsetzten, sondern vehement eine gesunde Lebensweise propagierten, gehörte auch der Hydrotherapeut und Naturheilkundler Sebastian Anton Kneipp (1821–1897).

In den letzten hundert bis hundertfünfzig Jahren gelang es der Wissenschaft, zahlreiche biochemische Substanzen, welche in Pflanzen enthalten sind, exakt zu analysieren und gleichzeitig deren Bedeutung für den menschlichen Körper zu ermitteln. Man stellte beispielsweise fest, dass bestimmte Pflanzen reichlich Vitamin C enthalten, welches einen lebensnotwendigen Bestandteil für die Gesundheit und Leistungsfähigkeit des menschlichen Körpers darstellt. Aufgrund dieser Erkenntnisse begannen viele Menschen, die Vorzüge von Kräutern noch intensiver als früher in der Küche und der Hausmedizin zu nutzen.

In den letzten 20 bis 30 Jahren stieg auch das Interesse an Naturkosmetik. Grund dafür ist, dass die Produkte entweder keine oder nur sehr wenige chemische Stoffe enthalten.

ANSPRÜCHE UND PFLEGE VON KRÄUTERN

Oft wird davon gesprochen, dass diese oder jene Pflanze anspruchslos sei. Mit der Anspruchslosigkeit einer Pflanze meinen wir, dass der Pflegeaufwand für diese Art verhältnismäßig gering ist. Aber auch solche Pflanzen haben spezielle Ansprüche, wie etwa einen trockenen Standort, der häufiges Gießen überflüssig macht. Bewässern wir eine solche Trockenheit liebende Pflanze fälschlicherweise zu intensiv, kann es passieren, dass sie kümmert oder sogar ihre Wurzeln faulen.

DIE MEISTEN LIEBEN SONNE

Die Mehrzahl der in diesem Buch vorgestellten Kräuter bevorzugt sonnige bis halbschattige Standorte. Die Sonneneinstrahlung ist in ihrer Intensität und Dauer die wichtigste Voraussetzung für die Fotosynthese. Je länger diese beiden Faktoren einwirken, desto größer ist deren fotosynthetische Leistung. Im Rahmen der Fotosynthese wandelt das auch als Chlorophyll bezeichnete Blattgrün Kohlendioxid und Wasser zu Kohlenhydraten (Zucker) um. Diese Kohlenhydrate sind wiederum ein entscheidender Faktor für die mit dem Wachstum verbundene Biomassebildung sowie die allgemeine Entwicklung der Pflanzen. Deshalb ist es ratsam, für im Garten angebaute sonnenhungrige Kräuter sonnige Standorte zu wählen. Falls man in einem Kräuterbeet mehrere Arten anbaut, sollte die Gruppierung so nach Süden (von wo die intensivste Einstrahlung erfolgt) ausgerichtet sein, dass die niedrigwüchsigen Kräuter in vorderen und die höherwüchsigen in den hinteren Bereichen stehen. Durch diese Anordnung vermeidet man, dass die hochwüchsigen Kräuter auf die niedrig wachsenden Schatten werfen.

EINFLUSSFAKTOR TEMPERATUR

Neben der Sonneneinstrahlung stellt die Umgebungstemperatur sowohl der umgebenden Luft als auch des Bodens ein weiteres Einflusskriterium auf das Wachstum dar. Entsprechend der Van-'t-Hoff'schen-Regel beschleunigen wärmere Böden einen schnelleren Austrieb, wodurch wiederum eine größere Biomasseproduktion und/oder eine zeitigere Ernte möglich sind.

Die Temperatur lässt sich zwar nur in geringem Umfang beeinflussen, man kann aber bestmöglich von ihr profitieren, indem man den Standort der Kräuter entsprechend auswählt. Eine Möglichkeit ist, die Strahlkraft von Wohngebäuden zu nutzen. Pflanzen, die in unmittelbarer Nähe eines kontinuierlich beheizten Gebäudes stehen, treiben im Frühjahr fast immer früher aus als vergleichbare Artgenossen, weil der dortige Boden und die Luft etwas wärmer sind.

Auch diejenigen Ecken des Gartens, die als windgeschützt gelten, zeigen oftmals eine – wenn auch für Menschen kaum wahrnehmbare – höhere Temperatur, weil der Wind dorthin weniger kalte Luft tragen kann. Auch wenn die Temperatur im Jahresmittel an solchen Stellen nur um 0,2–0,5 °C höher liegt als in der Umgebung, wirkt sich das förderlich auf das Pflanzenwachstum aus.

GUT ZU WISSEN

Die auch als RGT-Regel bezeichnete **Van-'t-Hoff'sche-Regel** besagt, dass alle Stoffwechselprozesse (also auch das damit in engem Zusammenhang stehende Wachstum der Kräuter) bei einer Temperaturerhöhung um 10 °C doppelt bis dreimal so schnell ablaufen. Ein schnelleres Wachstum birgt den Vorteil, dass die Jungpflanzen durch eventuellen Fraß von Schädlingen weniger stark geschädigt werden und sich deshalb zu kräftigeren Exemplaren entwickeln können.

EINFLUSSFAKTOR BODEN

Man sagt, der Mensch lebt nicht von Brot allein – und das ist analog auch bei Pflanzen so. Neben dem für die Fotosynthese notwendigen Wasser und Kohlendioxid stellt die Qualität des Bodens einen weiteren entscheidenden Einflussfaktor für die Biomassebildung dar.

Der Boden dient den Kräutern nicht nur als Standort, in dem sie sich mit ihren Wurzeln fest verankern, sondern auch als Nährstoffreservoir. Aus ihm nehmen die Kräuter – je nach Bedarf - unterschiedlich große Mengen an lebensnotwendigen Substanzen auf, zu denen unter anderem Stickstoff, Calcium, Kalium, Magnesium, Eisen, Schwefel, Phosphor, Mangan und Bor gehören. Erfolgt keine kontinuierliche Auffüllung dieser Reservoire über Düngungsmaßnahmen, büßt der Boden im Laufe der Zeit immer mehr von seiner Fruchtbarkeit ein, was verminderte Erträge zur Folge hat.

Neben dem Nährstoffgehalt wird die Qualität des Bodens auch maßgeblich vom Wärmehaltevermögen, der Luftdurchlässigkeit sowie vom Humusgehalt beeinflusst.

GUT ZU WISSEN

Humus ist die Gesamtheit der strukturlosen Masse des Bodens, die im Laufe der Zeit aus dem Abbau von pflanzlichen und tierischen Resten entsteht. Dieser Abbau erfolgt vor allem durch unzählige kleine und kleinste, als Edaphon bezeichnete Bodenorganismen, deren Spektrum sich von Regenwürmern über Springschwänze und Milben bis hin zu winzigen Algen, Pilzen und Bakterien erstreckt. Gemeinsam mit dem im Boden enthaltenen Calcium (Kalk) wirkt sich der Humus auch förderlich auf die erwünschte feinkrümelige Struktur des Bodens aus. Je krümeliger der Boden ist, desto besser kann die Luft in ihm zirkulieren, was ebenfalls einen wichtigen Faktor für das Wachstum der Pflanzen darstellt.

Beim Humus unterscheidet man zwischen Nähr- und Dauerhumus. Bei Ersterem handelt es sich um jene organischen Stoffe, die im Boden schnell abgebaut werden. Im Vergleich zum Nährhumus erfolgt der Abbau des Dauerhumus sehr langsam. Er ist das Endprodukt, das durch den Abbau von Nährhumus und/oder durch eine umfassende Kompostierung entsteht.

Eine grobe Einschätzung des Dauerhumusgehaltes des Bodens lässt sich bereits von dessen Färbung ableiten. Je dunkler diese Färbung ist, umso höher ist normalerweise der Humusanteil.

VON SAUER BIS BASISCH: DER PH-WERT

Ein weiterer Einflussfaktor auf die Bodenqualität ist der **pH-Wert.** Dieser wird maßgeblich von den im Boden vorhandenen basischen Mineralien (allen voran Calcium, Magnesium und Kalium) bestimmt. Vereinfacht gesagt, gibt der pH-Wert an, ob der Boden sauer, alkalisch oder neutral ist. Bei einem **pH-Wert von 7, 0** sind die Konzentrationen von Wasserstoff- (H+) und Hydroxidionen (OH-) identisch, sodass der Boden **neutral** reagiert. Liegt ein Überschuss an Wasserstoffionen vor, sinkt der **pH-Wert unter 7,0** und der **Säuerungsgrad des Bodens erhöht** sich zunehmend. Steigt dagegen bei einer erhöhten Konzentration von Hydroxidionen der **pH-Wert über 7,0,** weist der Boden einen zunehmend **alkalischen** Charakter auf. Der Fachhandel bietet preiswerte Teststreifen an, mit denen sich der pH-Wert des Bodens sehr einfach ermitteln lässt. Dazu genügt es, einen Teststreifen auf den Boden zu drücken, wenn dieser nach einem Regenguss noch etwas feucht ist. Anhand der Einfärbung des Teststreifens lässt sich dann mithilfe einer Farbtafel der pH-Wert bestimmen.

In vielen Gärten tendieren die Böden zu einem sauren pH-Wert, welcher in der Regel Ertragseinbußen bei der Ernte bewirkt. Ein häufiger pflanzlicher Indikator für saure Böden ist eine reichliche Bildung von Moosen. Solche sauren Böden lassen sich am besten durch regelmäßige **Kalkdüngungen** revitalisieren. Dadurch wird im Laufe der Zeit der **pH-Wert in Richtung 7,0** angehoben.

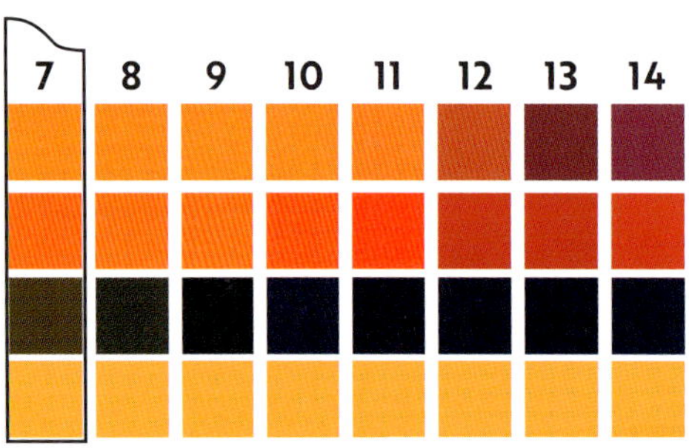

FAUSTREGEL: PH-WERT

Als Faustregel kann man sich merken: Stark Nässe liebende Pflanzen bevorzugen häufig einen sauren pH-Wert (6,0–6,7). Pflanzen, die am liebsten auf leicht feuchten (man spricht auch von frischen) Böden stehen, mögen eher einen pH-Wert um den Neutralpunkt (6,7–7,2). Arten, die am besten auf trockenen Standorten gedeihen, fühlen sich zumeist auf basischem Boden (ab 7,3) besonders wohl.

IMMER SCHÖN LOCKER BLEIBEN

Um bestmöglich zu gedeihen, benötigen alle Kräuter optimale Pflege, die vor allem ein mehr oder weniger häufiges Düngen, Hacken und Gießen umfasst. Allerdings wird die Bedeutung des regelmäßigen Hackens oft unterschätzt.

Bloßes Gießen und Düngen reichen nicht aus, um Höchsterträge zu erzielen. Im Gegenteil, das Gießwasser schwemmt einen Großteil der im Boden enthaltenen Poren zu, wodurch sich das Erdreich verdichtet, was eine erhebliche Beeinträchtigung der Luftzirkulation im Boden zur Folge hat. In einem derartigen, zuweilen stark verkrusteten Erdreich kann Regen nur schwer eindringen, weshalb ein großer Teil davon ungenutzt wegfließt. Regelmäßiges **Hacken** wirkt nicht nur diesen Problemen entgegen, sondern trägt außerdem zur Erhöhung einer feinen Krümelstruktur im Boden bei. Mancher Kleingärtner ist im ersten Moment etwas verblüfft, wenn er hört, dass pflanzengerechtes Gießen gelernt sein will. Oftmals macht man den Fehler, die Pflanzen häufig, aber dafür nur mit sehr wenig Wasser zu betröpfeln. Unter derartigen Bedingungen erreicht der Großteil des Gießwassers nicht die Pflanzenwurzeln und bleibt weitgehend unwirksam. Aus diesem Grund ist es besser, die Pflanzen in etwas größeren Abständen (alle 2–3 Tage) kräftig zu gießen, als ihnen tägliche Minigaben zu verabreichen. Darüber hinaus sollte man nie während der heißen Mittagstunden, sondern am Morgen beziehungsweise am Abend gießen, weil die Sonne dann weniger Kraft hat. Gelangen dagegen während der heißen Mittagsstunden Wassertropfen auf die Blätter, wirken diese wie kleine Prismen. Sie bündeln die Sonnenstrahlen und verursachen Verbrennungen auf den Blättern der Pflanzen.

Nach dem Einpflanzen von neu erworbenen Kräutern vergessen manche Gartenfreunde das **Angießen.** Durch Angießen und das vorherige Wässern der Wurzelballen erreicht man mehrere positive Effekte. So erhalten die Pflanzen beim Umsetzen, (welches für sie eine Belastung darstellt) eine ausreichende Startversorgung mit Wasser. Des Weiteren sorgt das Angießen dafür, dass keine größeren Hohlräume im Boden zurückbleiben und die zarten Wurzelhaare nicht in der „Luft hängen", sondern sofort Kontakt zu dem umgebenden Erdreich bekommen. In diesem können sie sich schneller verankern und mit der Aufnahme von weiterem Wasser und Nährstoffen beginnen.

ALLES ZU SEINER ZEIT

Der Anbau von Kräutern kann durch Aussäen und bei Stauden auch durch Teilung des Wurzelballens beziehungsweise des Rhizoms erfolgen. Der richtige Zeitpunkt zum Aussähen ist auf den Saatpäckchen angegeben. In den meisten Fällen wird dort zudem darauf hingewiesen, wie groß die Abstände zwischen den Reihen sowie den einzelnen Pflanzen sein sollten. Fehlen derartige Hinweise, ist es ratsam, die Abstände zwischen den Reihen so zu bemessen, dass man später die Kulturen problemlos hacken kann. Der Fachhandel bietet auch sogenannte Saatscheiben und Saatbänder an, die Saatgut enthalten. Der Vorteil dieser Scheiben und Bänder besteht darin, dass die Abstände zwischen den einzelnen Saatkörnern optimal gestaltet sind und ein späteres Vereinzeln kaum notwendig wird. Zu den Nachteilen gehören die relativ hohen Preise. Außerdem entstehen zwischen den Pflanzen oft relativ große Lücken, falls mehrere Saatkörner „taub" sind. Bei frostempfindlichen Arten, wie beispielsweise Strauchbasilikum, ist darauf zu achten, dass diese erst nach den sogenannten **Eisheiligen (um den 15. Mai)** ausgesät beziehungsweise ins Freiland gesetzt werden.

Stauden teilt und verpflanzt man am besten im **Herbst,** sobald ihre Blätter komplett abgestorben sind. Sie können dann im Winter ihre Kräfte sammeln, um im Frühjahr wieder kräftig auszuschlagen. Notfalls ist auch ein Umpflanzen/Teilen im zeitigen Frühjahr möglich. Dieses sollte möglichst noch vor dem Ausschlagen erfolgen, weil die Pflanzen viel Kraft für das Blattwachstum benötigen.

GUT ZU WISSEN

Bei dem Begriff Staude handelt es sich um keinen botanischen, sondern einen rein gärtnerischen Begriff, der für mehrjährige krautige Pflanzen verwendet wird.

FRUCHTFOLGEN UND NACHBARN

Um beim Kräuteranbau optimale Erträge zu erzielen, ist es ratsam, die Gratisfaktoren zu nutzen, welche die Natur bietet. Dies schont den Boden und hilft der Umwelt, da oft weniger Dünge- und chemische Schädlingsbekämpfungsmittel nötig sind.

ABWECHSLUNG SCHAFFT FREUDE

Nicht nur beim Gemüse-, sondern auch beim Kräuteranbau ist es wichtig, im Verlauf der Jahre auf **abwechslungsreiche Fruchtfolgen** zu achten. So sollten in zwei oder gar drei aufeinanderfolgenden Jahren nicht an einem Standort Pflanzen der gleichen Familie (beispielsweise Kreuzblütler) oder gar der gleichen Gattung kultiviert werden.

Dadurch erreicht man, dass sich weniger Krankheiten und Schädlinge ansiedeln beziehungsweise ausbreiten. Oftmals werden nämlich Kräuter einer Familie von denselben Krankheiten und Schädlingen befallen, welche sich während der kalten Jahreszeit gern im Boden einnisten oder an abgestorbenen Pflanzenteilen überwintern. Außerdem geben viele Pflanzen über ihre Wurzeln Substanzen an den Boden ab, die auf das Wachstum verwandter Arten hemmend wirken. Letztlich ähneln sich bei eng verwandten Arten die Nährstoffansprüche, was dazu führen kann, dass einige chemische Elemente, beispielsweise Kalzium, Eisen und Bor, in überdimensional großen Mengen aufgenommen werden und dadurch die Bodenqualität besonders schnell abnimmt.

GRÜNDÜNGUNG ALS ZWISCHENFRUCHT

Unter Nutzpflanzen gibt es Arten, die sehr große Mengen an Nährstoffen benötigen, welche sie dem Boden ungehemmt entziehen. Zu diesen Arten gehören unter anderem Rotkohl, Kartoffeln, Gurken und Kürbisse. Es versteht sich fast von selbst, dass man auf Beeten, auf denen solche Pflanzen standen, im Folgejahr keine Kräuterkulturen ohne **vorherige Düngung** anlegt (es sei denn, es handelt sich dabei um Arten mit einem nur minimalen Nährstoffbedarf). In diesem Zusammenhang hat sich vor dem Kultivieren der Kräuter eine sogenannte Gründüngung bewährt. Hierzu eignen sich beispielsweise Ackersenf, Phacelia (auch als Büschelschön bekannt) sowie Erbsen und Bohnen. Von den beiden letztgenannten Arten kann man sogar noch die Früchte ernten. Diese Pflanzen arbeitet man im grünen Zustand in den Boden ein, wo eine schnelle Zersetzung stattfindet und die Humusbildung gefördert wird.

RÜCKSICHT AUF DIE SCHWACHEN

Bei der Kultivierung von unterschiedlichen Kräutern auf sehr engem Raum, beispielsweise in einer Kräuterspirale, sollten die stark wüchsigen nicht neben schwächer wüchsigen Arten platziert werden (wie etwa Liebstöckel oder Borretsch neben Basilikum oder Mooskrauser Petersilie). Gegen den **Konkurrenzdruck** der stark wüchsigen Arten kommen schwach wüchsige kaum an, weshalb sie zu kümmern beginnen oder gar überwuchert werden.

AUF EINE GUTE NACHBARSCHAFT!

Wenn man Gemüse- und Kräuterarten sinnvoll miteinander kombiniert, lassen sich oftmals sowohl das Risiko von Krankheiten als auch ein Befall durch Pflanzenschädlinge eindämmen oder sogar vermeiden. Grund hierfür ist beispielsweise, dass die Blüten und Blätter vieler Duftpflanzen Substanzen absondern, welche von zahlreichen tierischen Schädlingen als unangenehm empfunden werden. Sie meiden deshalb die Nähe solcher Kulturen. Außerdem können bestimmte Kräuterarten das Wachstum ihrer Nachbargemüsesorten verbessern. So fördert Dill zum Beispiel die Keimfähigkeit von Bohnen und Karotten. Zudem können Kräuter den Geschmack von Gemüse intensivieren. Aus diesem Grund wird neben Kartoffeln gerne Dill oder Lavendel gepflanzt.

Kräuter	Nachbarn	Wirkung
Knoblauch und Speisezwiebeln	Möhren	Hält die Möhrenfliege fern
Bohnenkraut	Bohnen	Hält die Schwarze Bohnenlaus fern und ist förderlich für das Wachstum und die Aromabildung der Bohnen
Basilikum	Tomaten und Kohl	Gegen Befall durch Mehltaupilze und Weiße Fliegen
Rattenschwanzwürze	Lauch	Gegen Lauchmottenlarven
Dill	Bohnen, Karotten, Randen, Kohl	Fördert Keimfähigkeit und vertreibt diverse Schädlinge
Kapuzinerkresse	Tomaten	Gegen Läuse
Kerbel	Salat	Gegen Läuse
Lavendel	Als Beeteinfassung	Vertreibt Ameisen und lockt bestäubende Insekten an
Petersilie	Radieschen, Tomaten, Zwiebeln	Vertreibt diverse Schädlinge
Ringelblume	Kartoffeln, Kohl	Gegen Nematoden, Kohlweißling und Schadinsekten
Rosmarin	Karotten, Kohl	Gegen Kohlweißling und Schadinsekten
Salbei	Fenchel, Karotten, Tomaten	Gegen Kohlweißling
Schnittlauch	Kohl, Karotten, Tomaten	Allgemein begünstigend
Tagetes	Tomaten, Kohl, Kartoffeln, Erdbeeren	Gegen Nematoden, Viren, Weiße Fliege
Zwiebel	Erdbeeren und Karotten	Gegen Pilzkrankheiten, Spinnmilben und Möhrenfliege

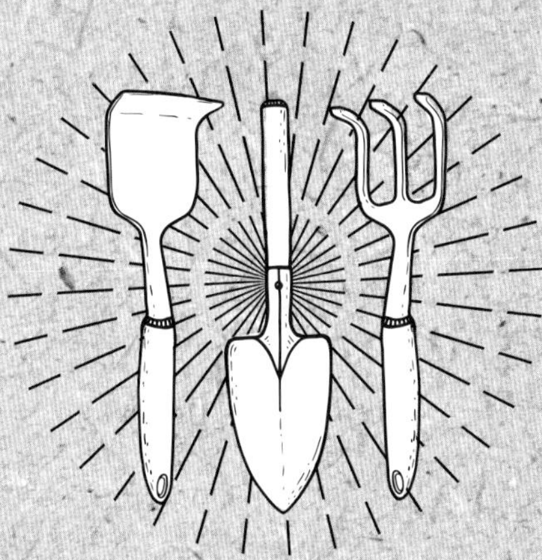

GARTEN PRAXIS

PLATZ FÜR KRÄUTER IST ÜBERALL

Wer selbst Kräuter kultivieren möchte, findet dafür garantiert eine Fläche. Sogar in der kleinsten Wohnung lässt sich ein Platz auf der Fensterbank, dem Balkon oder der Terrasse einrichten.

KRÄUTER AUF KLEINEN FLÄCHEN

Für alle, die nur einen sehr kleinen Garten zur Verfügung haben, bestehen oft bisher unerkannte Möglichkeiten, Kräuter auf freien Flächen anzubauen. Hierzu zwei Beispiele:

1 Man sollte überlegen, ob die **Wege** zwischen den Beeten von zwei Seiten begehbar sein müssen. Oftmals genügt es, die Wege sackgassenartig anzulegen und dadurch an den Enden jeweils etwas Fläche zu gewinnen, die sich hervorragend zum Anbau von Kräutern eignet.

2 Auf zahlreichen Gemüsebeeten ist ein nicht genutzter, 5–10 cm breiter **Randstreifen** vorhanden. Darauf lassen sich rabattenartig Kräuter kultivieren, ohne dass dafür ein zusätzliches Beet erforderlich wird.

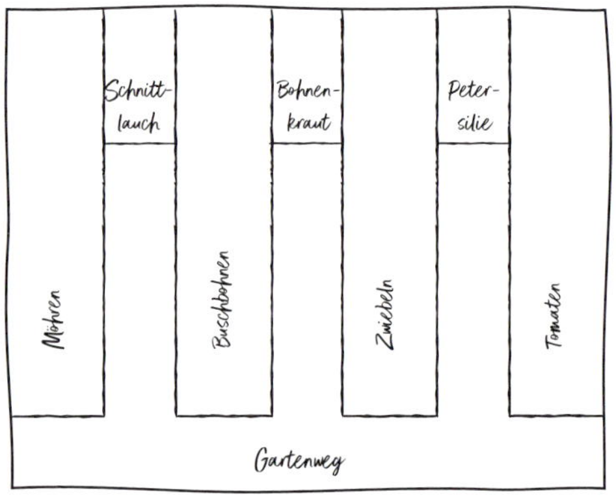

EIN KRÄUTERPARADIES AUF DER FENSTERBANK UND DEM BALKON

Ein kleiner Kräuterbestand auf der Fensterbank oder dem Balkon ist nicht nur zweckmäßig, sondern hat auch seinen ganz besonderen Charme. Man hat stets die erforderlichen Mengen an frischen Kräutern zur Verfügung und gleichzeitig ist ein gut **gepflegter Kräuterbestand** auch ein toller Blickfang. Ganz nebenbei tragen die Kräuter durch das über ihre Blätter in Kleinstmengen verdunstende Wasser zu einer Verbesserung der Luftfeuchte und damit des Raumklimas bei. Für einen Minigarten eignen sich nach Süden, Südosten und Südwesten ausgerichtete Fenster am besten, weil die Kräuter dort die meiste Sonneneinstrahlung erhalten. Dagegen sollten Nordfenster nur in Ausnahmefällen als Kräuterstandorte genutzt werden. Wer auch im Winter seinen Minikräutergarten betreibt, muss darauf achten, dass die Blätter der Pflanzen nicht mit den Fensterscheiben in dauerhaftem Kontakt stehen, weil sonst oft partielle Erfrierungen entstehen.

IN TÖPFEN UND KÜBELN

Auf der Fensterbank beziehungsweise auf Balkonen oder Terrassen werden Kräuter fast immer im Container, in Form von Blumentöpfen, Kübeln oder Kästen gepflanzt.

Kunststoff-Gefäße sind leichter, zumeist weniger bruchgefährdet und halten die Feuchtigkeit im Erdreich besser. Dagegen haben sich **Keramik-Gefäße** als standfester und atmungsaktiver erwiesen. Sie können überschüssiges Wasser teilweise speichern und so einer eventuellen Wurzelfäulnis besser entgegenwirken.

Man sollte das Gefäß immer möglichst groß wählen, damit es viel Erde fasst. Weil keine Verbindung zum restlichen Erdreich besteht und somit kein Mineralstoffausgleich erfolgen kann, sollte man nur qualitativ hochwertige Erde als Substrat verwenden.

ETWAS FÜR HOCHSTAPLER

Eine weitere Möglichkeit zum Anordnen von Kräutern auf kleinen Flächen ist die **Kräutertreppe**. Der Vorteil einer solchen Treppe besteht darin, dass die auf den hinteren Brettern platzierten Pflanzgefäße höher stehen als jene auf den vorderen. Dadurch wird gewährleistet, dass alle Kräuter die gleiche Menge an Sonneneinstrahlung erhalten und nicht die Schatten der vorderen Kräuter die hinteren überdecken.

Alternativ kann man auch eine Europalette zu einem **Kräuter-Regal** umbauen. Nachdem man die Europlatte waagerecht aufgestellt hat, ist es nur erforderlich, unter die Klötze, die sich an der Unterseite der Palette befinden, drei Bretter zu montieren, und schon sind drei Blumenkästen entstanden. Je nach Vorlieben kann die Palette anschließend noch abgeschliffen oder angestrichen werden. In die einzelnen Kästen dieses Regals stellt man entweder Kräutertöpfe oder es wird Erde eingefüllt, in der anschließend eine Aussaat erfolgt.

KRÄUTERBEETFORMEN

Wer Kräuter im Garten anbauen möchte, hat oft die Qual der Wahl, denn es gibt eine Vielzahl von **gestalterischen Varianten.** Bei der Anordnung innerhalb des Beetes lassen sich schöne Farbeffekte erzielen, indem beispielsweise Kräuter mit grünen Blättern neben gelb- und weinrotblätterigen Exemplaren platziert werden.

DER KLASSIKER: DAS KRÄUTERBEET

Das ebenerdige Kräuterbeet gehört zu den ältesten gestalterischen Varianten. Es inkludiert Formen von der kleinen Kräuterecke, auf der nur zwei bis drei besonders häufig verwendete Kräuterarten angebaut werden, bis hin zu Mischkulturen, in denen Kräuter häufig gemeinsam mit Gemüsepflanzen gedeihen. Siehe dazu auch die Tabelle auf S. 13.

DIE KRÄUTERRABATTE

Auf beiden Seiten des Gartenhauptweges bietet sich auch das Anlegen von Kräuterrabatten an. Hinsichtlich der zusammengestellten Artenvielfalt der Kräuter sind dabei kaum Grenzen gesetzt.

Arten, die eine mehr oder weniger teppich- bis buschähnliche Wuchsform haben, wie etwa Bohnenkraut, Petersilie, Thymian, Gartenkresse und Basilikum, kann man dabei sogar in attraktiven geometrischen Formen, wie Kreisen und Quadraten gruppieren.

Kübelkräuter sollte man immer im Auge behalten, denn manche Arten, beispielsweise viele Minzen, neigen dazu, mit ihren Ausläufern über den Rand des Kübels zu klettern. Die Ausläufer müssen dann kräftig zurückgeschnitten werden. Langlebige Stauden sollten außerdem alle 2–4 Jahre aus ihren Kübeln genommen werden. Nicht selten besteht dann der gesamte Kübelinhalt nur noch aus einem großen Wurzelballen. Die Kübel werden anschließend mit nährstoffreicher neuer Erde befüllt und ein abgetrenntes Stück der jeweiligen Staude erneut hineingepflanzt.

DAS HOCHBEET

Wie der Name verrät, handelt es sich beim Hochbeet um eine gestalterische Variante, deren Oberfläche höher als der Boden liegt. Hochbeete besitzen meist eine Ummantelung aus Holz, Kunststoff oder Mauerwerk und sind entweder nur mit Gartenerde oder mit unterschiedlichem, in Schichten angeordnetem organischem Material befüllt. Dabei besteht die unterste Lage meist aus grobem Baum- und Strauchschnitt. Darüber befinden sich eine Lage aus Grünabfällen sowie jeweils eine Schicht aus Garten-, Kompost- und manchmal noch aus spezieller Pflanzerde. Hochbeete bieten nicht nur den Vorteil, dass das Bücken bei der Gartenarbeit wegfällt, sondern sie erwärmen sich im Frühjahr auch schneller und werden seltener von Unkraut-Anflugsamen heimgesucht. Wenn zudem noch ein Schneckenzaun angebracht wurde, ist das Beet auch vor diesen unerwünschten Besuchern sicher, die gern an verschiedenen Kräutern fressen.

Indem man auf einem Hochbeet im Vorfrühling eine Glasabdeckung installiert, lässt sich dieses auch als Frühbeet nutzen. Die darunter angebauten Kräuter sind oftmals zwei bis drei Wochen früher nutzbar als vergleichbare Exemplare, die auf ebenerdigen Beeten stehen.

Tendenziell eignet sich ein Hochbeet vor allem für Kräuter, deren Höhe maximal 40 cm beträgt und die nicht übermäßig stark wachsen.

GUT ZU WISSEN

Ein kleines Hochbeet lässt sich schnell, unkompliziert und günstig nachbauen, sodass es auf dem Balkon oder der Terrasse bewirtschaftet werden kann.

EINGEKREIST – DAS KRÄUTERRAD

Das Kräuterrad hat eine runde Form und ist in mehrere Kleinstparzellen unterteilt. Zum Parzellieren lassen sich beispielsweise Rasenkantensteine so verlegen, dass sie an die Speichen eines Rads erinnern. Der Vorteil dieser Separierung besteht darin, dass man in jedem entstandenen Sektor eine Art pflegen kann und schwächer wüchsige Kräuter nicht dem Konkurrenzdruck von kräftiger wachsenden ausgesetzt sind.

Wer möchte, kann ein Kräuterrad auch als Hochbeet konstruieren. In diesem Fall ist es nur noch erforderlich, das Speichengerüst mit einer äußeren kreisförmigen Ummantelung zu umgeben.

Besonders attraktiv wirken Ummantelungen, wenn zum Bau Natursteine verwendet werden. Falls man das Kräuterrad bevorzugt mit trockenheitsliebenden Pflanzen bestücken möchte, ist es günstig, vor dem Einfüllen der Erde eine 10 cm starke Kiesschicht als Drainage einzubauen.

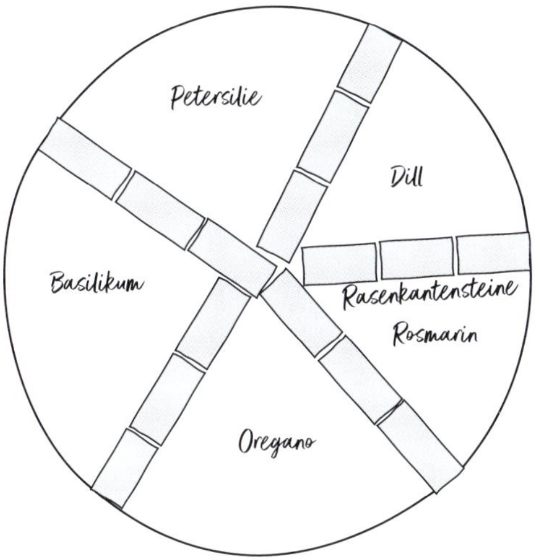

DAS KRÄUTERSTEINBEET

Als Steinbeete werden gewöhnlich Anlagen bezeichnet, zu deren Gestaltung zahlreiche Steine und Kies verwendet wurden. Oftmals erfolgt in diesen an vollsonnigen Stellen platzierten Beeten die Kultivierung von sehr trockenheitsliebenden beziehungsweise -resistenten Pflanzen.

Folglich bieten sich für ein Kräutersteinbeet bevorzugt Pflanzen an, die ursprünglich aus den trockenen und warmen Mittelmeerregionen stammen, wie beispielsweise Thymian, Zitronenmelisse, Majoran, Oregano, Bohnenkraut, Salbei und Rosmarin. Da viele dieser Kräuter kalkliebend sind, ist es ratsam, zumindest einige Kalksteine in das Kräutersteinbeet zu integrieren. Dort stellen sie eine ausreichende Mineralstoffquelle für die meisten Pflanzen des Steinbeetes dar, weil es sich bei ihnen vor allem um Arten mit geringem Nährstoffbedarf handelt.

KRÄUTERSPIRALE

Die Kräuterspirale ist eine Beetform, die in der Regel aus Natursteinen besteht und zur Mitte schneckenhausförmig ansteigt. Entweder wird dafür eine spiralförmige Wand mit entsprechenden Zwischenräumen gemauert oder man schichtet die Steine ohne Verwendung von Mörtel auf. In Abhängigkeit davon, mit welchen Kräutern die Spirale bepflanzt werden soll, kann es – ähnlich wie beim Kräuterrad – von Vorteil sein, vor dem Befüllen mit Erde eine Kiesschicht als Drainage einzubauen. Im Vergleich zum Kräuterrad erweist sich ein Nachteil der Spirale mitunter im schneckenhausförmigen Anstieg, denn dadurch erhalten immer einige Bereiche weniger Sonneneinstrahlung. Allerdings kann man dies auch als Vorteil zu nutzen, indem die betroffenen Bereiche mit Kräutern bestückt werden, die auch im Halbschatten gut gedeihen, wie etwa Koriander und Estragon.

BEETPLAN: KÜCHENKRÄUTERBEET

Wer viel in der Küche hantiert, weiß die Vielfalt der Kräuter beim Kochen und Backen zu schätzen. Gerichte erhalten ihre ganz eigene Note und ihren besonderen Charakter oft erst durch die Kräuter, die man ihnen beigibt. Dein ganz persönlicher Kräutergarten, bestückt mit den sogenannten »Basis-Kräutern«, schafft die perfekte Grundlage für neue Koch-Experimente. Salbei, Estragon, Dill, Maggikraut, Koriander und viele viele mehr. Hier findet sich garantiert das richtige Kraut für jeden Koch!

ENDE MÄRZ

Sobald sich die Erde nach dem Umgraben etwas gesetzt hat, kannst du den ersten Kräutergast in deinem Beet willkommen heißen. **Liebstöckel** ist frosthart und du kannst es schon jetzt säen. Suche dir für die Direktsaat eine Stelle auf der von der Sonne abgewandten Seite im Beet aus. Das hat zwei Gründe: Erstens kann Liebstöckel wirklich riesig werden und so nimmt es deinen anderen Kräutern nicht die Sonne. Zweitens mag Liebstöckel Halbschatten, den die anderen Kräuter in den kommenden Wochen auf jeden Fall liefern können.

Liebstöckel ist ein Dunkelkeimer, bedecke die Samen also nach der Saat mit etwa der dreifachen Samenstärke Erde und drücke alles mit der Handfläche leicht an. Anschließend einmal kräftig gießen und ab nun immer schön feucht halten. Nach 15–20 Tagen wirst du die ersten Keimlinge sehen können!

GUT ZU WISSEN

Liebstöckel liebt Wasser. Die Pflanze wird bei Trockenheit zwar nicht sofort eingehen, verliert aber enorm an Geschmack! Um dem stark zehrenden Liebstöckel etwas Gutes zu tun, kannst du 1x im Monat das Gießwasser mit Brennnesseljauche mischen und es damit düngen.

MITTE APRIL

Wer **Dill** selbst aussät, wird es mit Sicherheit bald erleben: Auf Dill ist kein Verlass. Mal keimt er schnell, mal gar nicht und im zweiten Jahr sät er sich so rasant selbst aus, dass man sich vor Dill nicht mehr retten kann. Aber zunächst mal alles auf Anfang. Säe jetzt den Dill direkt in deinem Beet aus. Dafür legst du alle 10 cm 3–5 Samen in die Erde. Schon nach wenigen Tagen sprießt der erste Dill. Tut er nicht? Dann wiederhole die Aussaat an anderer Stelle, der Dill macht eben einfach, was er will.

ENDE APRIL

Heute kannst du das **Strauchbasilikum** direkt in dein Hochbeet säen. Strauchbasilikum ist eine Kräuterpflanze, an der man sich die ganze Saison über erfreuen kann. Nicht nur, dass es wunderbar würzig schmeckt. Es sieht mit seinen lila Blüten auch einfach wunderschön aus. Das finden übrigens auch die Bienen, die förmlich darauf fliegen werden!

Im Gartencenter deines Vertrauens oder noch besser in einer Gärtnerei findest du **Salbei**, **Rosmarin** und **Bohnenkraut**.

MITTE MAI

Die Eisheiligen sind vorüber und damit ist unter den Hobbygärtnern endlich offiziell die Saison eröffnet. Auch frostempfindliche Pflanzen wie Kerbel und Majoran finden jetzt ihren Platz direkt in deinem Hochbeet.

Der **Kerbel** wird nun direkt ins Beet ausgesät. Eine Vorkultur wäre unsinnig, denn das sensible Wurzelwerk reagiert allergisch auf einen Umzug. Kerbel ist ein Lichtkeimer und darf bei der Aussaat nur leicht angedrückt, aber nicht mit Erde bedeckt werden. Suche dir eine Stelle im Beet auf der von der Sonne abgewandten Seite aus, denn Kerbel steht gerne im Halbschatten und wird an diesem Standort durch die anderen Kräuter von der Sonne abgeschirmt. Damit die Samen nicht wegschwimmen, solltest du anfänglich nur mit einer Sprühflasche wässern. Sobald Kerbel keimt, heißt es: Wasser marsch! Denn wer so schnell wächst wie der Kerbel, der muss auch viel trinken! Nach etwa 6–8 Wochen ist er erntereif.

Majoran liebt die Sonne und findet deshalb den idealen Standort auf der Seite deines Hochbeets, die der Sonne zugewandt ist. Wenn Majoran zu wenig Sonne abkriegt, büßt er an Aroma ein und schmeckt eher fad. Du kannst den Majoran direkt aussäen. Mische aber zunächst an die Stelle im Beet etwas Sand unter die Erde. Auch Majoran ist ein Lichtkeimer und wird nicht mit Erde abgedeckt. Damit die Samen nicht bei der ersten Windböe wegfliegen, kannst du sie mit der Sprühflasche nass machen und so am Boden festkleben.

AB JUNI

Uff, geschafft! Alle Kräuter sind gesät, alle Jungpflanzen eingesetzt. Erfreue dich in den nächsten Wochen am Wachstum deiner Pflanzen, beobachte, wie gut sie gedeihen und genieße die ersten richtigen Sommertage!

Arbeit gibt es natürlich trotzdem immer. Dein Beet und deine Pflanzen wollen gut versorgt sowie regelmäßig gepflegt werden.

Das Wichtigste dabei ist natürlich das Gießen! Je nach Wetterlage und Bedarf ist regelmäßiges Wässern ein Muss und darf nie vernachlässigt werden. Darüber hinaus kannst du einige kleine Maßnahmen ergreifen, damit sich deine Pflanzen auch weiterhin wohl bei dir fühlen. Entferne hier und da vertrocknete Triebe und schneide tote Blätter sofort ab. Unterstütze die großen Pflanzen, indem du ihnen Wuchshilfen anbietest oder sie mithilfe von Stäben stabilisierst. Halte den Boden zwischen deinen Kräuterpflanzen sauber und entferne regelmäßig Unkraut. Last but not least: Damit der Boden so luftdurchlässig und locker bleibt wie jetzt, kannst du ihn von Zeit zu Zeit harken.

Die schönste Zeit des Gartenjahrs steht vor der Tür: die Erntezeit! Deine Mühen werden endlich belohnt: Kräftige und duftende Kräuter, wohin das Auge reicht. Die Erntezeit ist einfach großartig! Egal, wonach dir der Sinn steht, nun kannst du jede Menge frische Kräuter ernten.

SEPTEMBER/OKTOBER

Langsam, aber sicher werden die Tage kürzer und die Temperaturen fallen wieder. Damit du dich an den mehrjährigen Pflanzen auch im nächsten Jahr erfreuen und du die einjährigen Pflanzen bis zum Saisonende genießen kannst, ist es Zeit, deine Pflanzen ein letztes Mal zu frisieren. Also, schnapp dir eine kleine Gartenschere und los geht's:

Das **Strauchbasilikum** ist extrem frostempfindlich und geht bei sinkenden Temperaturen schneller ein, als du gucken kannst. Deshalb empfiehlt es sich, die letzten warmen Tage zu nutzen, um es noch einmal radikal zu schneiden. Du kannst die Ernte für den Winter konservieren, indem du das Strauchbasilikum trocknest. Was du bei der Trocknung von Kräutern beachten musst, erfährst du ab Seite 30.

Auch den **Dill** kannst du nun komplett abernten und zum Haltbarmachen klein hacken und einfrieren. Getrocknet schmeckt der Dill nach gar nichts! Weil Dill einjährig ist, kannst du die Pflanzenreste nach der Ernte aus deinem Beet entfernen.

Auch **Koriander** ist eine einjährige Pflanze und kann nach der Ernte aus dem Beet genommen werden. Genau wie **Majoran**. Ernte den einjährigen Majoran jetzt noch einmal komplett ab und hänge die Ernte zum Trocknen auf. So musst du auch im Winter nicht auf sein Aroma verzichten.

Wenn der **Kerbel** blüht, lass ihn stehen und entferne ihn erst im Frühjahr aus deinem Beet. Er hält das Bodenleben aktiv und sät sich auf diese Weise außerdem von selbst neu aus.

Den **Salbei** hast du bereits nach der Blüte um rund ein Drittel zurückgeschnitten – das ist aber auch genug! Würdest du ihn im Herbst erneut stutzen, würde sich die Pflanze davon vielleicht nicht mehr erholen. Sinnvoller ist ein Verjüngungsschnitt im Frühjahr – nach den stärksten Frösten und vor dem neuen Austrieb.

Wie beim Salbei ist auch beim **Rosmarin** im Herbst kein zusätzlicher Rückschnitt notwendig. Willst du dir aber für den Winter noch einen schönen Strauß davon trocknen, kannst du bei Rosmarin, der in ein frostfreies Winterquartier umzieht, ohne Bedenken zur Schere greifen. Deinem Rosmarin schadest du damit gar nicht. Überwinterst du ihn draußen, solltest du ihn lieber nicht mehr abschneiden. Hier sorgt ein Verjüngungsschnitt im Frühjahr dafür, dass der Rosmarin viele neue Triebe ausbilden kann und schön kompakt wächst.

NOVEMBER

Schon wieder neigt sich eine erfolgreiche Gartensaison dem Ende zu. Du hast deine Kräuter geerntet, die Einjährigen aus deinem Beet genommen und dir dabei noch einen Vorrat für den Winter gesichert. Doch bevor auch du dich zum Winterschlaf in dein warmes Wohnzimmer zurückziehst, solltest du noch einen halben Gartentag einlegen und dein Beet winterfest machen.

Lockere dafür die Erde wie im Frühjahr gründlich mit einer Harke auf. Passe dabei auf die verbliebenen Kräuter, die noch in deinem Beet stehen, auf und arbeite um sie herum. Im zweiten Schritt reicherst du die Erde mit frischem, schon voll zersetztem Kompost an und harkst ihn gründlich unter.

Nun geht es ans Überwintern deiner Kräuter. **Salbei**, **Liebstöckel** und **Bergbohnenkraut** sind zwar frostfest, einige Maßnahmen kannst du aber trotzdem ergreifen, um sie unbeschadet ins nächste Jahr zu bringen.

Alle Pflanzen kannst du zum Schutz vor Kälte und Nässe mit einer Schicht aus Reisig abdecken. Zusätzlich solltest du auf die Erde eine Schicht aus Herbstlaub legen. Das Laub wird sich bis zum Frühling teilweise zersetzen und den Boden mit Humus anreichern. Eine Abdeckung aus Laub sorgt außerdem dafür, dass deine Kräuterpflanzen auch extreme Witterungsbedingungen gut aushalten. So geschützt kannst du auch versuchen, den Rosmarin draußen zu überwintern. Er ist in rauen Gegenden nicht zuverlässig winterhart, aber im lockeren Boden des Hochbeets und mit einem Mantel aus Laub und Reisig kann er den Minusgraden besser trotzen.

BEETPLAN: HAUSAPOTHEKE

Es kratzt im Hals? Es zwickt im Bauch? Es hämmert im Kopf? Ach, diese kleinen Wehwehchen können einem das Leben ganz schön schwer machen. Doch damit ist nun Schluss! Denn mit deiner persönlichen Hausapotheke kannst du dir zu Hause selbst pflegende Gesichtsmasken und beruhigende Tees herstellen, die schnell wirken. Aloe Vera, Kraut der Unsterblichkeit (Jiaogulan), Japanische Heilölminze, Brahmi und Baldrian – du wirst schnell feststellen, dass Kräuter nicht zu unterschätzen sind und – wenn du sie richtig verwendest – guttun!

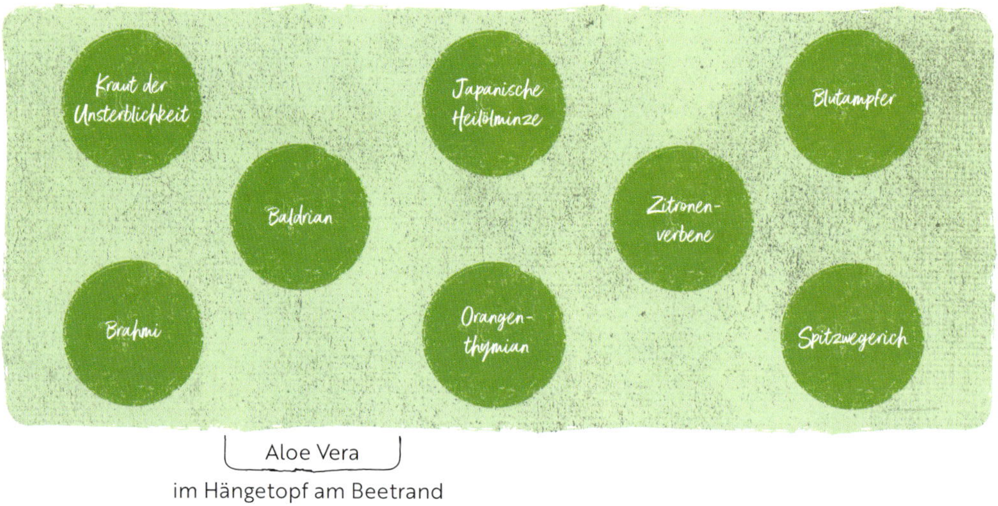

MITTE MÄRZ

Damit du dein Beet schon bald mit Heilkräutern bepflanzen kannst, benötigt es nicht mehr viel. Lediglich zwei klitzekleine Maßnahmen solltest du vorweg ergreifen, um den Boden optimal für die kommende Gartensaison vorzubereiten. Schnappe dir eine Harke und lockere die Erde zunächst gut auf. Je gründlicher, desto besser. Deine Pflanzen werden dir ein tiefgründig gelockertes Erdreich danken.

Mische frischen, schon voll zersetzten Kompost unter die Beeterde. So versorgst du deine Pflanzen die ganze Saison über mit Nährstoffen. Erledigt? Großartig! Dann steht einer erfolgreichen Gartensaison ja nichts mehr im Wege!

ANFANG APRIL

Der April ist dein Startschuss für die Vorkultur der **Zitronenverbene.** Zwar darf sie jetzt noch nicht ins Beet, denn da würde sie erfrieren, aber auf deiner Fensterbank findet sich sicher ein warmer, halbschattiger Platz. Zitronenverbene ist nicht besonders anspruchsvoll in Bezug auf den Boden. Mische die feinen Samen mit Sand und streue sie gleichmäßig in eine mit Aussaaterde gefüllte Anzuchtschale. Nicht mit Erde abdecken, Zitronenverbene ist ein Lichtkeimer! Schnappe dir eine Sprühflasche zum Wässern und bedecke die Anzuchtschale mit Glas oder Folie.

Ausflug ins Grüne gefällig? Dann pack die Schaufel ein! **Spitzwegerich** ist bei uns heimisch und an Waldlichtungen, Wiesenrändern und in Gärten zu finden. Mache dich auf die Suche und siedle einfach 2–3 hübsche junge Pflanzen in dein Beet um. Dort solltest du den Spitzwegerich gerade am Anfang reichlich gießen – so fällt das Eingewöhnen an das neue Zuhause leichter.

MITTE APRIL

Begrüße den zweiten Gast in deinem Kräuterbeet, der direkt ins Beet gesät wird. Aber Vorsicht! Weil auch die Samen des lichtkeimenden **Blutampfers** nicht mit Erde bedeckt sein dürfen, sind sie ein gefundenes Fressen für Vögel. Wird es dir zu bunt mit den fliegenden Dieben, kannst du für die Zeit bis zur Keimung (etwa 1–2 Wochen) ein Netz über dein Beet spannen. Blutampfer braucht übrigens viel Wasser!

GUT ZU WISSEN

Suche dir für die Aussaat des Blutampfers eine Ecke deines Hochbeets aus. So kannst du den Blutampfer recht breitflächig aussäen und brauchst die Pflanzen später nicht zu vereinzeln.

ENDE APRIL

Die **Zitronenverbene** auf deiner Fensterbank ist wahrscheinlich schon gekeimt. Sobald die jungen Pflänzchen 2–3 Blattpaare ausgebildet haben, solltest du sie pikieren und ihnen so genügend Raum zur Entfaltung geben.

Zum Spitzwegerich und Blutampfer gesellen sich Ende April noch mehr Pflanzen: **Kraut der Unsterblichkeit**, **Japanische Minze**, **Baldrian** und **Orangenthymian** finden jetzt ebenfalls ihren Weg ins Beet. Unternimm dafür einen kleinen Ausflug zur Gärtnerei deines Vertrauens.

Auch deinen **Baldrian** solltest du schon vorkultiviert kaufen, denn so hübsch er auch oberflächlich aussieht, nur die Wurzel hat heilende Kräfte. Und die bildet sich erst im zweiten Jahr richtig aus!

Deinen **Orangenthymian** setzt du auch besser bereits als Jungpflanze in dein Beet. Die Samen des Orangenthymians sind so winzig, dass sie bei der Direktsaat mit dem nächsten Guss sofort wegschwimmen würden. Orangenthymian ist anspruchslos: wenig Nährstoffe und wenig Wasser. Im Grunde musst du ihn so gut wie nie gießen, außer, wenn der Sommer extrem heiß und trocken ist und an den Tagen direkt nach dem Einsetzen ins Beet.

MITTE MAI

Nach den Eisheiligen kann die Gartensaison nun offiziell eröffnet werden und deine vorkultivierte **Zitronenverbene** darf endlich nach draußen. Willst du ein pfiffiger Gärtner sein, setze die Pflanze samt Topf in dein Beet ein. So kannst du sie später leichter ins Winterquartier umsiedeln.

Zitronenverbene stellt keine besonderen Ansprüche. Gegen eine regelmäßige Düngung hat die Pflanze allerdings nichts einzuwenden.

Geh doch ein zweites Mal in die Gärtnerei. Dieses Mal auf deiner Einkaufsliste: Aloe Vera und Brahmi. Ganz schön exotisch, was?

Aloe Vera darf nicht fehlen in deiner persönlichen Hausapotheke! Gerade im Sommer kannst du das wertvolle Gel zur Behandlung von kleinen Sonnenbränden, Insektenstichen oder einfach als kühlende Gesichtsmaske auftragen. Die Pflanze solltest du unbedingt in einem Kübel halten. In deinem Beet würde sie sich nicht wohlfühlen, denn sie stellt ganz besondere Anforderungen an den Boden. Suche dir also einen geeigneten Topf, den du dekorativ an den Rand deines Hochbeets hängen kannst. Netter Nebeneffekt: Aloe Vera ist nicht winterhart und kann so schnell und unkompliziert vor dem ersten Frost umgesiedelt werden. Die Erde solltest du gut mit Sand mischen, gerne darf auch gröberes Material wie Splitt oder Kies untergemischt werden. Gießen musst du die Aloe Vera kaum.

Wegen ihrer kleinen, fleischigen Blätter wird Brahmi auch »Fettblatt« genannt. Beim Einkauf ist Vorsicht geboten! Denn es kann mit dem Indischen Wassernabel, der leider auch manchmal als Brahmi deklariert wird, verwechselt werden. Frage im Zweifel noch einmal nach!

Brahmi mag feuchte Böden und bleibt mit etwa 15 cm ziemlich klein. Die Pflanze breitet sich eher zu den Seiten statt in die Höhe aus und kriecht so langsam über das Beet. Das ist sehr praktisch, denn Brahmi sollte windgeschützt stehen und wird durch den Beetrand geschützt. Brahmi muss frostfrei überwintern, deshalb pflanzt du ihn entweder im Topf ein oder buddelst ihn später aus.

AB JUNI

Der Sommer ist da – die beste (Ernte-)Zeit für alle Hobbygärtner! Jetzt kannst du dich täglich an deinen Pflanzen erfreuen, bei dem kleinsten Schnupfen Kräuter für Tee ernten, den ersten Sonnenbrand mit Aloe Vera kühlen und das Völlegefühl nach dem Grillfest mit einem leckeren Minztee lindern. Doch vergiss nicht: Damit du dein Beet nun viele Monate genießen kannst, solltest du es regelmäßig pflegen. Zupfe Unkraut, entferne vertrocknete Blätter, lockere den Boden zwischen den Pflanzen von Zeit zu Zeit mit einer Harke auf und das Wichtigste: immer schön gießen!

GUT ZU WISSEN

Um zu wissen, wann Wasser benötigt wird, mach die Daumenprobe! Einfach den Daumen einige Zentimeter in die Erde stecken und fühlen, ob der Boden noch feucht ist. Nicht? Dann ist Gießen angesagt.

OKTOBER

Der Sommer ist vorbei und der Herbst klopft an die Tür. Nun ist es an der Zeit, die Pflanzen zu versorgen, bevor der erste Frost über sie hereinbricht.

Das **Kraut der Unsterblichkeit** ist bedingt winterhart und darf zumindest in milden Regionen in deinem Beet stehen bleiben. Die Pflanze hat sich seit dem Einsetzen im April so stark eingewurzelt, dass die Chancen zum Überwintern gut stehen. Ein zusätzlicher Schutz aus Reisig direkt an der Wurzel ist aber trotzdem wichtig! Jiaogulan überwintert unterirdisch und treibt im März wieder neu aus der Wurzel aus. Im Frühjahr solltest du ihn deshalb bodentief zurückschneiden. In kälteren Regionen überwinterst du ihn drinnen und kannst die Blätter das ganze Jahr über ernten.

Deine **Japanische Minze** kannst du einfach stehen lassen. Sie ist absolut winterhart! Ein radikaler Rückschnitt ist nicht notwendig. Du könntest ihn aber vornehmen, wenn du dir Minze für den Winter trocknen möchtest. Falls du im nächsten Jahr anfängst, dir Sorgen zu machen: Die Japanische Minze erwacht nur sehr langsam aus ihrem Winterschlaf, wird sich aber spätestens im Mai mit neuen Trieben zeigen. Hab Geduld mit ihr!

Auch **Baldrian** ist hart im Nehmen und bleibt im Winter draußen. Er macht sich sogar nackig und wirft seine Blätter und Blüten bei sinkenden Temperaturen ab. Im Frühjahr kannst du die eingetrockneten Stängel ebenfalls abschneiden, er wird neue ausbilden.

Blutampfer ist völlig unkompliziert und überwintert im Freien. Im Frühjahr kannst du die Pflanze einmal komplett »abernten«, damit sich frische Blätter ausbilden.

Dem **Orangenthymian** solltest du einen Rückschnitt verpassen, bevor er in den Winterschlaf geht. Kürze ihn mit einer Schere bis zu den verholzten Stängeln runter und bedecke diese mit Reisig als zusätzlichen Winterschutz.

Den wilden **Spitzwegerich** kannst du theoretisch ebenfalls in deinem Beet stehen lassen, wenn du ihn auch im nächsten Jahr noch ernten willst. Aber denke dran: Wildkräuter wuchern!

Die **Zitronenverbene** hingegen ist absolut nicht winterhart! Du kannst den Herbst nutzen, um die Triebe radikal auf ein Drittel runter zu kürzen und für den Wintervorrat zu trocknen. Dann solltest du die Pflanze an einen dunklen Ort bei etwa 5–15 °C zum Überwintern stellen. Die restlichen Blätter wirft sie von selbst ab. Im Frühjahr schneidest du die eingetrockneten Stängel ab und musst ansonsten sehr geduldig mit ihr sein und sie langsam an das Sonnenlicht gewöhnen. Zitronenverbene darf erst nach den Eisheiligen zurück ins Freiland.

Brahmi reagiert auf die kälteren Temperaturen oft mit einigen welken Blättern und Trieben. Diese solltest du unbedingt entfernen, denn sie rauben der Pflanze unnötig Kraft. Nun muss die Pflanze in einen Topf umsiedeln, denn sie ist zwar mehrjährig, aber nicht winterhart. Gib gut Acht auf die Wurzeln und untersuche sie auf faulige Stellen. Am besten spülst du die Wurzeln mit der Duschbrause einmal kräftig ab und setzt sie dann in einen mit Erde vorbereiteten Topf. Eigentlich kann sie dann auch gleich dort im Badezimmer bleiben, denn Brahmi fühlt sich in warmen Räumen mit einer hohen Luftfeuchtigkeit ganz besonders wohl.

Aloe Vera ist ebenfalls nicht winterhart, aber etwas unkomplizierter in der Handhabung. Schnappe dir einfach die Pflanze samt Kübel und nimm sie mit ins Haus. Mitte Mai darf sie dann wieder nach draußen umziehen. Wichtig ist auch hier, dass du sie nach der Winterpause langsam an das Sonnenlicht gewöhnst und zunächst nur in den Halbschatten stellst.

NOVEMBER

Einen wichtigen Schritt hast du bereits geschafft: Alle Pflanzen sind optimal auf die kalte Winterzeit vorbereitet. Und auch du könntest dich nun zur Ruhe setzen, wäre da nicht noch eine Kleinigkeit, um die du dich kümmern musst: dein Beet winterfest machen!

Dafür lockerst du die Erde in deinem Beet mithilfe einer Harke ordentlich auf. Sei dabei besonders achtsam und arbeite vorsichtig um deine Pflanzen herum. Nun gibst du wieder etwas Kompost mit ins Beet und arbeitest diesen in die Erde ein. Auf diese Weise sicherst du dir auch im nächsten Jahr einen nährstoffreichen Boden.

Decke dein Beet als allerletzten Schritt mit Herbstlaub ab. Über den Winterschutz freuen sich nicht nur deine Pflanzen, auch der Nährstoffhaushalt wird positiv beeinflusst. Durch das Abdecken des Bodens werden die Nährstoffe nämlich nicht so schnell aus der Erde gewaschen.

DIE HEILENDE KRAFT DER KRÄUTER

Heilpflanze	Heilwirkung	Beschwerden	Form
Aloe Vera	entzündungshemmend, schmerzlindernd, wundheilend, pilztötend, kühlend	Hauterkrankungen, Verbrennungen, Sonnenbrand	Gel Bestandteil vieler Kosmetikprodukte
Baldrian	beruhigend, entspannend schlaffördernd, krampflösend	Nervosität, Unruhe, Stress, Herzrasen, Reizbarkeit Schlafstörungen Schmerzen im Magen-/Darmtrakt	Wurzel verarbeitet zu Tee/Badezusatz
Blutampfer	blutreinigend, harntreibend, appetitfördernd entzündungshemmend	Blutreinigung Mundschleimhautentzündung	junge Blätter als Salatbeilage, Tee, Saft Mundspülung
Brahmi »Kraut der Erkenntnis«	Verbesserung der Gedächtnisleistung stimmungsaufhellend beruhigend, entspannend, allgemeines Stärkungsmittel	Lernschwächen, Konzentrationsprobleme Depressionen, Stress geistige Ermüdung	Tee mit Saft gemischt, da sonst zu bitter

Heilpflanze	Heilwirkung	Beschwerden	Form
Japanische Heilölminze	antiseptisch, entzündungshemmend krampflösend schmerzlindernd, entspannend, da kühlend & erfrischend	Erkältungskrankheiten, Schnupfen, Husten mit zähflüssigem Schleim Verdauungsbeschwerden wie Blähungen, Völlegefühl Kopfschmerzen, Migräne, Muskelverspannungen	Tee, Dampfbad Öl zum Einmassieren/ Einreiben
Kraut der Unsterblichkeit	Beruhigung, Stressabbau herzstärkend, durchblutungsfördernd, blutdrucksenkend, Stärkung körpereigener Abwehrkräfte, vitalisierend	Stress, Nervosität körperliche Angeschlagenheit, Herz-Kreislauf-Erkrankungen	Tee
Orangenthymian	desinfizierend, entzündungshemmend krampflösend	Erkältungen, Erkrankung der Atemwege, Husten, Bronchitis Durchfall, generelles Magenleiden, Sodbrennen, Kopfschmerzen	Tee
Spitzwegerich	antiseptisch, beruhigend (Schleimhäute) antibakteriell, entzündungshemmend	Erkrankungen der Atemwege (Husten, Asthma, Erkältungen) kleine Verletzungen, Wunden, Insektenstiche	Tee (innerliche Anwendung), zum Gurgeln zum Einreiben (äußerliche Anwendung)
Zitronenverbene	beruhigend, besänftigend, entspannend milchflussanregend appetitanregend, verdauungsfördernd entspannend, entkrampfend	bei Nervosität, Stress und Einschlafproblemen Stillbeschwerden Unwohlsein, Appetitlosigkeit (Säuglings-)Blähungen, Verdauungsbeschwerden	Tee

KRÄUTER ERNTEN UND KONSERVIEREN

Selbstverständlich kann man sich für das Winterhalbjahr einen Kräutervorrat zulegen. Aber solange eine Ernte im Garten oder ein Sammeln von Kräutern in der Natur möglich ist, sind frische Kräuter natürlich zu bevorzugen. Den Erntezeitpunkt wählt man so, dass die Blätter beziehungsweise Blüten geschmacklich voll entfaltet sind.

DER RICHTIGE ERNTEZEITPUNKT

Während der Sommermonate ist es am sinnvollsten, Blüten und/oder Blätter am Morgen zu sammeln. Da die Pflanzen in den kühleren Nachtstunden zumeist viel Wasser aufgenommen haben, sind sie dann besonders saftig. Außerdem liegen die Temperaturen zu diesem Zeitpunkt noch im erträglichen Bereich, sodass das Pflücken mehr Spaß macht und das Sammelgut langsamer austrocknet. Daraus ergibt sich der Vorteil, dass weniger wertvolle Substanzen aus den Pflanzen verloren gehen.

Als Sammelbehälter eignen sich flache Obststiegen aus Holz sowie Körbe aus natürlichen Materialen, wie etwa aus Weidenruten. Darin kann die Luft zwischen dem Sammelgut bestens zirkulieren. Gleichzeitig werden die Kräuter nicht so stark zusammengedrückt wie in einem Stoffbeutel. Plastiktüten sind hingegen ungeeignet, weil die Kräuter darin schnell zu schwitzen beginnen. Beim Ernten sollte man die Kräuter mit einem scharfen Messer oder einer Schere abschneiden. Dabei kann man dichte Bestände im Garten gleich etwas ausdünnen, was sich positiv auf das Wachstum auswirkt.

TROCKNEN

DIESE KRÄUTER EIGNEN SICH BESTENS ZUM TROCKNEN:
Lavendel, Majoran, Oregano, Salbei, Thymian, Rosmarin, Kamille, Waldmeister, Herzgespann, Bohnenkraut, Pfefferminze, Salbei, Beifuß, Zitronenverbene

DIESE KRÄUTER VERLIEREN BEIM TROCKNEN VIEL AROMA:
Petersilie, Basilikum, Schnittlauch, Dill, Ysop, Zitronenmelisse

DIESE KRÄUTER SCHMECKEN FRISCH BESSER:
Pimpinelle, Liebstöckel (Maggikraut), Sauerampfer, Borretsch, Weinraute, Sauerampfer, Schwarznessel (Perilla) und Kresse

Fine bei Kräutern häufig praktizierte Konservierungsmethode ist die Trocknung. Dazu bindet man langstängelige Pflanzen nach der Ernte büschelweise zusammen und hängt sie so an eine Leine, damit sie an der Luft trocknen können. Allerdings sollte beim Trocknungsprozess keine direkte Sonneneinstrahlung auf die zu trocknenden Kräuter treffen.

Bei Blüten sowie kurzstängeligem Trocknungsgut bietet es sich an, dieses als dünne Schicht auf einem Gazerahmen auszubreiten. Auf diese Weise kann die Luft von allen Seiten an die Pflanzenteile gelangen, wodurch der Trocknungsprozess beschleunigt wird.

Nach dem Trocknungsprozess füllt man die Kräuter in ein Glas mit Schraubverschluss. Dadurch verhindert man, dass Ungeziefer daran herumnagt oder gar seine Eier darin ablegt. Außerdem bleibt das Aroma der Kräuter in einem geschlossenen Glas länger erhalten. Die Gläser deponiert man am besten in einem kühlen, trockenen Raum, in dem sie keiner direkten Sonneneinstrahlung ausgesetzt sind.

EINSALZEN

Früher wurden Nahrungsmittel wesentlich häufiger eingesalzt als heute. Vielerorts ist diese Konservierungsmethode sogar gänzlich in Vergessenheit geraten, obwohl sie ebenfalls Vorteile birgt. So ist beispielsweise jederzeit eine Entnahme von exakt benötigten Mengen möglich. Besonders geeignet ist diese Methode zum Haltbarmachen von Suppenkräutern, wie etwa Liebstöckel oder Sellerieblättern. Zu diesem Zweck hackt man die zuvor gewaschenen Kräuter mit einem Wiegemesser. Anschließend füllt man davon eine etwa 2 cm dicke Schicht in ein verschließbares Glas und streut einen gestrichenen Teelöffel Kochsalz darüber. Darauf gibt man die nächste 2 cm dicke Kräuterschicht und streut erneut einen Teelöffel Salz darüber. Das Ganze wiederholt man so lange, bis etwa noch 3 cm zur Komplettfüllung des Glases fehlen. Dann verschließt man das Glas, schüttelt den Inhalt mehrmals kräftig durch und stellt es in das Gemüsefach des Kühlschranks. Dort kann es problemlos bis zu einem Dreivierteljahr verbleiben. Bei der Verwendung eingesalzter Kräuter dürfen die Gerichte allerdings nicht schon im Vorfeld gesalzen werden.

EINFRIEREN

Auch das portionsweise Einfrieren von zuvor klein gehackten Kräutern ist sehr beliebt. Der Vorteil dieser Methode liegt darin, dass die Kräuter nach dem Auftauen noch sehr frisch sind. Wichtig ist, dass der Einfriervorgang sehr schnell erfolgt. Außerdem sollte man vorher die Kräuter durch Abtupfen gut abtrocknen, damit möglichst wenig Wasser mit eingefroren wird.

KRÄUTER VERWENDEN: IN DER KÜCHE

KRÄUTERÖLE

DAS BRAUCHST DU:

- nach Geschmack: neutrales Öl oder Olivenöl
- frische Kräuter
- nach Belieben: Knoblauch, Chili

Kräuteröl ist vielseitig verwendbar und einfach so lecker! Darüber hinaus ist die eigene Herstellung von Kräuteröl eine tolle Möglichkeit, frische Kräuter aus dem eigenen Hochbeet haltbar zu machen. Dass das Öl mit der Zeit den intensiven frischen Geschmack der Kräuter annimmt, liegt vor allen an den ätherischen Ölen in den Pflanzen. Ob zum Braten, Kochen oder als Dressing auf Salaten – der unverwechselbare Geschmack der Gartenkräuter ist ein Gedicht für den Gaumen!

BASILIKUM-PESTO

DAS BRAUCHST DU (FÜR 250 ML):

- 30 g Pinienkerne
- 100 g Basilikum
- 1 Knoblauchzehe
- 100 ml Olivenöl
- 20 g geriebener Parmesan
- Salz, Pfeffer

1 Zu Beginn die Pinienkerne bei mittlerer Hitze goldgelb anrösten und anschließend wieder abkühlen lassen. In der Zwischenzeit die Basilikumblätter von den Stängeln zupfen und die Knoblauchzehe pellen.
2 Nun den Basilikum mit den Pinienkernen, dem Knoblauch und dem Olivenöl fein pürieren.
3 Zum Schluss den Parmesan fein reiben und gut mit dem Pesto verrühren. Jetzt nur noch mit Salz und Pfeffer abschmecken.
4 Schmeckt prima zu Pasta oder einfach zu frischem Brot.

KRÄUTERBUTTER

DAS BRAUCHST DU:

- 250 g Butter
- 1 Schalotte
- 1 Knoblauchzehe
- 1 EL Olivenöl
- 100 g Kräuter (Estragon, Petersilie, Schnittlauch, Kerbel)
- ½ unbehandelte Zitrone
- 1 TL Salz, etwas Pfeffer

1 Die Butter auf Zimmertemperatur erwärmen.
2 Die Schalotte sowie den Knoblauch pellen und in sehr feine Würfel schneiden. Beides in dem Olivenöl glasig dünsten und zu der Butter geben.
3 Die Kräuter fein hacken und gut mit der Butter verrühren. Mit dem Abrieb sowie dem Saft der halben Zitrone verfeinern und mit Salz und Pfeffer abschmecken.
4 Die Butter, in Pergamentpapier eingepackt, im Kühlschrank fest werden lassen.

KRÄUTER VERWENDEN: HAUSAPOTHEKE

KRÄUTERTEE

Ob Lindenblüten, Kamille, Salbei oder Pfefferminze – es gibt viele Kräuter, die sich optimal zur Zubereitung leckerer Kräutertees eignen. In Abhängigkeit von der jeweiligen Pflanze lassen sich entweder nur einzelne oder mehrere Teile zur Zubereitung von Kräuter- und Früchtetees nutzen.

In der folgenden Tabelle sind die Teile (mit Beispielpflanzen) zusammengestellt, die zur Teezubereitung dienen können.:

Pflanzenteile	Beispielpflanzen
Blüten	Linde, Huflattich, Kamille
Früchte	Hundsrose (Hagebutten), Wacholder
Wurzeln	Große Klette, Petersilie, Ingwer
Rinde	Eiche, Zimt
Samen	Fenchel, Kümmel
Blätter	Salbei, Pfefferminze

Neben **Ein-Komponenten-Tees** erfreuen sich auch **Mehr-Komponenten-Tees** als Durstlöcher sowie für Genießermomente großer Beliebtheit. Eine besonders leckere Mischung besteht beispielsweise aus Pfefferminze, Zitronenmelisse und Kraut der Unsterblichkeit.

BLÜTENKRAFT

Das brauchst du:

» 100 g frische Zitronenmelisse
» 1 EL frische Malvenblüten
» 1 EL frische Kornblumenblüten
» 1 EL frische Ringelblumenblüten
» 1 EL frische Gänseblümchenblüten
» 1 EL junge frische Rosenblätter
» 1 l kochendes Wasser

Ziehzeit: 5 Minuten

VERWÖHN-TEE

Das brauchst du:

» 40 g frische junge Brennnesseln
» 1 gehäufter EL frische Gänseblümchenblüten
» 1 gehäufter EL Ringelblumenblüten
» 1 gestrichener EL Stiefmütterchenblätter
» 1 l kochendes Wasser

Ziehzeit: 10 Minuten

WALDGEIST

Das brauchst du:

» 50 g frische Fichtentriebspitzen (Maitriebe)
» 100 g ein wenig angewelkter Waldmeister
» 50 g Brombeerblätter
» 50 g Himbeerblätter
» 50 g Walderdbeerblätter
» 1 l kochendes Wasser

Ziehzeit: 15 Minuten

TINKTUREN

Bei Tinkturen handelt es sich um Auszüge aus getrockneten oder frischen Pflanzenteilen. Als Extraktionsmittel verwendet man vorzugsweise sehr hochprozentiges Ethanol beziehungsweise Alkohol. Eine Tinktur lässt sich auch aus einem klaren, nicht aromatisierten Schnaps wie etwa Doppelkorn oder Wodka herstellen. Allerdings können frische, saftige Pflanzenteile den Alkoholgehalt in der Tinktur mitunter stark absinken, was die Haltbarkeit der Tinktur begrenzen kann.

FICHTENNADEL-TINKTUR

Das brauchst du:

» 2 Handvoll frische junge Fichten- oder Tannentriebe (Maitriebe)

» ca. 250–300 ml mindestens 70%iges Ethanol (alternativ 32–38%iger klaren Schnaps)

1 Schichte die Triebspitzen locker in ein Schraubglas und gieße anschließend so viel Ethanol darüber, bis das Glas fast randvoll ist.
2 Verschließe das Glas und lasse den Ansatz mindestens zwei Wochen an einem warmen Platz ziehen. Einmal wöchentlich gut durchschütteln.
3 Nach dieser Zeit gießt du den Ansatz durch eine Kaffeefiltertüte und füllst die aufgefangene Tinktur in eine dunkle, verschließbare Flasche, deren Lagerung möglichst kühl und dunkel erfolgt.

Anwendung:
Bei Arthritis, Ischialgien, Muskelzerrungen und Muskelkater sowie Neuralgien: die betreffenden Körperbereiche mit der Tinktur 2- bis 3-mal täglich einreiben

Erkältung: täglich 2- bis 3-mal einen TL voll einnehmen

Bei Entzündungen des Mund-Rachen-Halsraums: Dazu täglich mehrmals mit verdünnter Tinktur Spülungen durchführen. Zu diesem Zweck gibt man 35 ml der Tinktur in 200 ml lauwarmen Kamillentee.

WEISSDORN-TINKTUR

Das brauchst du:

» 1 Handvoll frische, gut ausgereifte Weißdornfrüchte

» etwa 300–350 ml 70%iges Ethanol (alternativ 38%iger klaren Schnaps)

1 Schichte die Früchte locker in ein 500-g-Schraubglas und gieße so viel Ethanol darüber, bis das Glas fast randvoll ist.
2 Verschließe das Glas und lasse den Ansatz mindestens zwei Wochen an einem warmen Platz ziehen. Schüttle den Ansatz einmal wöchentlich gut durch.
3 Nach dieser Zeit gießt du den Ansatz durch eine Kaffeefiltertüte und füllst die aufgefangene Tinktur in eine dunkle, verschließbare Flasche, deren Lagerung möglichst kühl und dunkel erfolgt.

Anwendung:
Zur Kräftigung des Herzens: täglich 2- bis 3-mal einen halben TL einnehmen

RINGELBLUMENÖL

Ein sanftes Blütenöl für die Haut, hergestellt mit pflegender Calendula, Johanniskraut oder Kamille. Dieses Öl kann pur verwendet werden oder als weitere Zutat in Cremes und Co.

Das brauchst du (für 2 Flaschen mit je 10 0ml):

- 8 g getrocknete Calendulablüten
- 220 ml Mandelöl

alle Hauttypen, speziell für empfindliche Haut

20 Minuten + 2 Wochen Ruhezeit

9 Monate

Zubereitung:
Fülle die Calendulablüten in ein sauberes und trockenes Glas und bedecke sie mit dem Mandelöl. Achte darauf, dass alle Blütenteile gut mit Öl bedeckt sind.

Das Glas stellst du mit Deckel 2 Wochen an einen ruhigen Ort. Überprüfe das Öl regelmäßig auf Geruch und Aussehen und schwenke das Glas mehrmals täglich hin und her.

Filtere die Blüten mit einem feinmaschigen Metallsieb ab. Fülle das Öl in zwei Flaschen ab und lagere es kühl und dunkel.

Anwendung:
Trage das Öl auf die gereinigte Haut auf. Es ist eine Wohltat für gereizte Haut und nach dem Sonnenbaden und ist auch für zarte Babyhaut geeignet!

Varianten:

Sommerlich:
6 g getrocknete Kamillenblüten, 4 g getrocknete Calendulablüten

Beruhigend:
1 Tasse frisch gesammelte Johanniskrautblüten

Straffend:
50 ml Borretschsamenöl, 50 ml Macadamianussöl, 100 ml ungeröstetes Arganöl, etwa ½ Handvoll frischer Rotklee, 5 frische Holunderblüten, etwa ½ Handvoll frische Birkenblätter, klein geschnitten

TANNENÖL

Ein wunderbares Öl, das die trockene Winterhaut zart umhüllt und herrlich nach Wald riecht. Es belebt müde Muskeln und ist ideal nach dem Sport!

Das brauchst du (für eine Flasche mit 200 ml):

- 6 kleine Tannenzweige
- 100 ml Olivenöl
- 15 Wacholderbeeren
- 100 ml ungeröstetes Haselnussöl

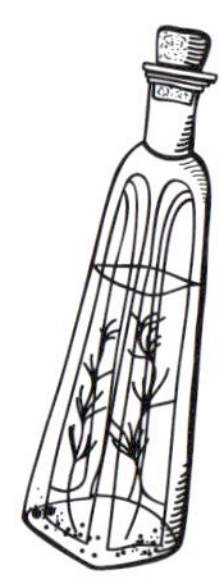

alle Hauttypen, speziell für empfindliche Haut

45 Minuten
+ 12 Stunden Ruhezeit

1 Jahr

Zubereitung:
Sammle kleine Tannenzweige im Wald oder Garten. Gib Olivenöl, Tannenzweige und Wacholderbeeren in eine hitzefeste Schüssel und erwärme die Mischung im Wasserbad für 30 Minuten. Schalte nach 30 Minuten die Herdplatte ab und lasse Zweige und Beeren zugedeckt über Nacht im Öl ziehen. Lege ein Stück Küchenpapier zwischen Schüssel und Deckel, um die Feuchtigkeit zu binden.

Filtere Zweige und Beeren mithilfe eines Papierteefilters ab. Gib das Haselnussöl dazu, rühre alles um und fülle das Öl in eine schöne Flasche.

Anwendung:
Als Beimischung in selbst gemachten Cremes, als Badeöl, als Körperöl ... Es gibt viele wohltuende Anwendungen für dieses Öl.

Varianten:
Muskelöl:
5 kleine Tannenzweige, 2 TL Rosmarinnadeln, 3 TL Thymian

Weihnachtsöl:
5 kleine Tannenzweige, 1 Zimtstange, 1 EL Kardamomsamen, ½ TL Gewürznelken

RINGELBLUMENSALBE

Die Ringelblumensalbe sollte in keiner klassischen Hausapotheke fehlen. Sie gilt als eines der besten Hausmittel gegen viele Hautbeschwerden. Die Inhaltsstoffe der Ringelblumen wirken vor allem entzündungshemmend, abschwellend und wundheilungsfördernd.

Das brauchst du:

» 250 g Melkfett
» 50–70 g frisch aus den Blütenkörben von Ringelblumen gezupfte Zungenblüten (alternativ 20 g getrocknete Zungenblüten)
» 100 ml ungeröstetes Haselnussöl

Zubereitung:
1 Das Schmalz in einem Topf erhitzen, bis es sich vollständig verflüssigt hat.
2 Die Pflanzenteile dazugeben und das Ganze etwa 30 Minuten köcheln lassen. Anschließend nimmt man den Ansatz vom Herd und stellt ihn etwa 24 Stunden in einen kühlen Raum.
3 Nach dieser Zeit wird der Salbenansatz erneut so lange erhitzt, bis er sich wieder verflüssigt. Danach gießt man ihn durch ein Haarsieb, um die Pflanzenteile herauszufiltern. Die aufgefangene Flüssigkeit gibt man in kleine Keramikgefäße, in denen sie abkühlen und aushärten kann. Wer die Salbe längerfristig aufbewahren möchte, sollte sie nach dem Aushärten im Kühlschrank lagern.

Anwendung:
Bei Quetschungen, Zerrungen, Hämorrhoiden, schlecht heilenden Wunden, Sonnenbrand, trockener Haut, verhornter Haut, spröden Hautpartien und Entzündungen des Nagelbetts

BADESALZ MIT BLÜTEN

Fange den Sommer ein und speichere ihn in Gläsern! Sammle frische Blüten und stelle wunderbar duftende Bäder her. So kannst du auch im Winter in der Wanne von lauen Sommerabenden träumen.

Das brauchst du (für 2 Gläser mit je 500 ml):

» Blüten von 30 Wildrosen oder 10 Gartenrosen
» Blüten von 10 Ringelblumen
» Blüten von 10 Kornblumen
» Blüten von 15 Stängeln Lavendel
» 1 kg Meersalz

alle Hauttypen

8 Stunden trocknen lassen
+ 5 Minuten + 2 Wochen Ruhezeit

12 Monate

Zubereitung:

1 Sammle frische Blüten und lege sie 6–8 Stunden oder über Nacht zum Antrocknen auf Küchenpapier.

2 Schichte das Salz und die Blüten in 2 schöne Gläser. Verschließe sie sorgfältig und lasse sie zwei Wochen an einem ruhigen Ort stehen.

Anwendung:

Für ein Vollbad löst du drei Handvoll Badesalz im Wasser auf, für ein Fußbad genügt eine Handvoll.

Tipps für zauberhafte Badesalze:

Wenn du keine Möglichkeit hast, frische Blüten zu sammeln, kannst du auch getrocknete verwenden.

Du kannst unterschiedliche Kräuter und Blüten verwenden. Besonders schön duften Rosen-, Rotklee-, Lavendel-, Holunder-, Linden- und Veilchenblüten. Eine spannende Note geben Kräuter wie Rosmarin, Salbei, Thymian oder Minze. Für einen Frischekick verwende Blätter von Minze oder Zitronenverbene. Neben Kräutern und Blüten kannst du auch geriebene Zitronen- und Orangenschale verwenden, sie geben dem Badesalz Zitrusnoten.

Achte auch darauf, dem Auge etwas zu bieten und gebe Blüten hinzu, die nicht so stark duften, aber wunderschöne Farben haben, z. B. Kornblumen und Pfingstrosen. Ein rosa Badesalz erhältst du, wenn du Himalayasalz und Rosenblütenblätter oder Rosenknospen verwendest.

PFLANZEN PORTRÄTS

BASILIKUM

(OCIMUM BASILICUM)

Familie: Lippenblütler, Lamiaceae

- einjährig
- Standort: sonnig, frisch
- Nährstoffbedarf: mittel
- Erntezeit: Juni–August
- Wuchsintensität: schwach–mittel

Besonderheiten: Basilikum, auch Basilienkraut oder Königskraut genannt, besitzt eine hohe Würzkraft. Weil es sehr frostempfindlich ist, sollte eine Freilandaussaat erst kurz vor dem 15. Mai erfolgen. Im Haus gedeiht es gern im Topf auf der Fensterbank. Neben grünblättrigen gibt es auch rotviolette Sorten, die krautig sind oder verholzen (Letztere werden Strauchbasilikum genannt).

Wirkung: antibakteriell, beruhigend, harntreibend, krampflösend sowie schleimlösend

Verwendung: Tomaten- und Nudelgerichte, Eierspeisen, Salate, Fisch- und Fleischgerichte, Kräuteressig und -öl

BERGBOHNENKRAUT

(SATUREJA MONTANA)

Familie: Lippenblütler, Lamiaceae

- mehrjährig
- Standort: sonnig, trocken
- Nährstoffbedarf: gering–mittel
- Erntezeit: Mai–September
- Wuchsintensität: schwach–mittel

Besonderheiten: Bergbohnenkraut ist ein immergrüner Halbstrauch.

Wirkung: lindernd bei Magen- und Leberbeschwerden

Verwendung: Bohnen-, Wild- und Lammgerichte, Kräuteressig und -öl

Doppelgänger: Eigenschaften und Verwendungsmöglichkeiten gleichen weitgehend dem optisch ähnlichen Bohnenkraut, Satureja hortensis. Bei diesem handelt es sich um ein einjähriges, frostempfindliches Kraut, das erst nach dem 15. Mai ins Freiland sollte. Aufgrund dieser Empfindlichkeit favorisieren viele Kleingärtner die Kultivierung des Bergbohnenkrauts.

BORRETSCH

(BORAGO OFFICINALIS)

Familie: Raublattgewächse, Boraginaceae

» einjährig
» Standort: sonnig, frisch
» Nährstoffbedarf: mittel
» Erntezeit: Juni–August
» Wuchsintensität: schwach–mittel

Besonderheiten: Der oft auch als Gurkenkraut bezeichnete, sehr robuste Borretsch ist reich an Vitamin C. Wenn man ein paar Exemplare Samen ausbilden lässt, sät sich diese Pflanze normalerweise immer wieder von selbst aus. Wie es die Familienbezeichnung bereits erahnen lässt, fühlen sich die Blattoberflächen des Borretschs rau bis fast stachlig an.

Wirkung: antirheumatisch, blutreinigend, stoffwechselanregend, hautreinigend, reduziert Seitenstechen, hilft bei Husten sowie Nierenbeschwerden

Verwendung: Zubereitung von spinatähnlichem Gemüse, Salaten, Kräuterquark, Einlegen von Gurken

DILL

(ANETHUM GRAVEOLENS VAR. HORTORUM)

Familie: Doldenblütler, Apiaceae

» einjährig
» Standort: sonnig, frisch
» Nährstoffbedarf: mittel
» Erntezeit: Juli–Oktober
» Wuchsintensität: schwach–mittel

Besonderheiten: Obwohl Dill auch einige heilende Eigenschaften besitzt, gehört er primär zu den klassischen Küchenkräutern und wurde bereits in der Antike sehr gewertschätzt. Im Garten wird er zumeist in Reihen ausgesät oder breitwürfig in Gurkenbeeten verteilt.

Wirkung: hilft bei Magen-Darm-Beschwerden, das Kauen von Dillsamen verleiht frischen Atem.

Verwendung: Einlegen von Gurken, Fischgerichte, helle Soßen, Gemüsesalate und Sauerkraut, Herstellung von Kräuteressig und -öl, Garnieren von Fleisch- und Käseplatten

ECHTER SALBEI

(SALVIA OFFICINALIS)

Familie: Lippenblütler, Lamiaceae

- mehrjährig
- Standort: trocken, sonnig, kalkreich
- Nährstoffbedarf: gering–mittel
- Erntezeit: Mai–Juli
- Wuchsintensität: mittel

Besonderheiten: In Mitteleuropa überstehen nur die unteren, verholzenden Teile dieses Halbstrauchs den Winter, während die oberen bei Frost erfrieren. Im Unterschied zum Echten Salbei, auch Gartensalbei genannt, eignet sich Wiesensalbei, Salvia pratensis, nicht als Heilpflanze.

Wirkung: antibakteriell, antidepressiv, antirheumatisch, blutdrucksenkend, entzündungshemmend, haarwuchsfördernd, krampflösend, schleimlösend, wundschließend

Verwendung: Tees, Füllung für Kompressen, Salben

Doppelgänger: Woll-Ziest und andere Ziest-Arten

FENCHEL

(FOENICULUM VULGARE)

Familie: Doldenblütler, Apiaceae

- mehrjährig
- Standort: sonnig, frisch, kalkhaltig
- Nährstoffbedarf: mittel
- Erntezeit: Juli–September
- Wuchsintensität: mittel

Besonderheiten: Gegenwärtig wird Fenchel in vielen Regionen der Erde als Heil- sowie Gemüsepflanze angebaut. Die Früchte (Samen) enthaltenden Dolden ähneln denen des Kümmels. Sie lassen sich sowohl reif als auch unreif zur Teezubereitung verwenden. Zuvor sollte man sie in einem Mörser ein wenig zerstoßen.

Wirkung: antibakteriell, appetitanregend, entspannend, menstruationsfördernd, schlaffördernd, schleimlösend, hilft sehr gut bei Blähungen sowie Völlegefühl, lindert Migränebeschwerden

Verwendung: Tee (sehr beliebt sind auch Mischungen aus Fenchel und Anis)

GEWÜRZLORBEER

(LAURUS NOBILIS)

Familie: Lorbeergewächse, Lauraceae

- mehrjährig
- Standort: sonnig, schwach feucht
- Nährstoffbedarf: gering–mittel
- Erntezeit: ganzjährig
- Wuchsintensität: mittel–hoch

Besonderheiten: Der auch als Echter Lorbeer bezeichnete Gewürzlorbeer kommt in freier Natur in Vorderasien und im Mittelmeerraum vor. Aufgrund ihrer unzureichenden Winterhärte lassen sich Lorbeerpflanzen in den meisten Regionen Deutschlands nur in großen Kübeln kultivieren, die im Sommer im Freien stehen sollten.

Wirkung: antibakteriell, antirheumatisch, nervenstärkend, verdauungsfördernd, hautglättend, hilft bei Verstauchungen und Muskelschmerz

Verwendung: Ölauszug zum Einreiben (aus den Früchten), Blätter (frisch und getrocknet) für deftige Fleisch- und Fischgerichte, Marinaden

GROSSE KAPUZINERKRESSE

(TROPAEOLUM MAJUS)

Familie: Kapuzinerkressengewächse

- in Mitteleuropa einjährig
- Standort: sonnig–halbschattig, frisch–feucht
- Nährstoffbedarf: mittel
- Erntezeit: Juni–September
- Wuchsintensität: mittel

Besonderheiten: Kapuzinerkresse stammt aus Peru, enthält viel Vitamin C, ist frostempfindlich und nicht mit der Gartenkresse verwandt. Es werden die jungen Blätter, Knospen und Blüten geerntet.

Wirkung: blutreinigend, schleimlösend, gut bei Husten- und Erkältungskrankheiten

Verwendung: Frisch verzehren. Die Blüten eignen sich auch als Dekoration für Wurst- und Käseplatten, Blätter und Knospen als Salatbestandteile, Verwendung der in Essig eingelegten Knospen wie Kapern

Doppelgänger: Kleine Kapuzinerkresse

KERBEL

(ANTHRISCUS CEREFOLIUM)

Familie: Doldenblütler, Apiaceae

» zwei- bis mehrjährig
» Standort: sonnig–halbschattig, frisch
» Nährstoffbedarf: mittel
» Erntezeit: Mai–August
» Wuchsintensität: mittel

Besonderheiten: Kerbel blüht zwischen Juni und August. Seine für die Küche verwendeten Blätter sollte man möglichst vor der Blühphase ernten, da sie dann das beste Aroma haben, welches an Anis erinnert. Zum Trocknen eignen sich die Blätter weniger gut, weil sie dabei viel Aroma verlieren. Obwohl Kerbel ein klassisches Küchenkraut ist, hat er auch gewisse Heilwirkungen.

Wirkung: blutreinigend, schleimlösend, gut gegen Erkältungen, Kopfschmerzen und Gicht

Verwendung: Salate, Kräuterquark, Soßen, Fisch- und Gemüsegerichte

Doppelgänger: Gefleckter Schierling, junger Koriander, junge Petersilie

KNOBLAUCH

(ALLIUM SATIVUM)

Familie: Amaryllisgewächse, Amaryllidaceae

» mehrjährig
» Standort: sonnig, frisch
» Nährstoffbedarf: mittel
» Erntezeit: Juli–Oktober
» Wuchsintensität: mittel

Besonderheiten: Obwohl der Knoblauch, rein botanisch gesehen, mehrjährig ist, wird er oftmals komplett geerntet und danach wieder neu gesteckt. Es lassen sich sowohl die Zwiebeln als auch das Laub verwenden.

Wirkung: allgemein stark gesundheitsfördernd und den Organismus kräftigend, antibakteriell, appetitanregend, blutdrucksenkend, desinfizierend, krampflösend, sekretionssteigernd, hilft bei Wechseljahrbeschwerden und Spulwurmbefall

Verwendung: Wurst, Fleischgerichte, Salate, Kräuterquark, Eintöpfe, Soßen und Suppen, die rohen Knoblauchzehen auf Brot

KORIANDER

(CORIANDRUM SATIVUM)

Familie: Doldenblütler, Apiaceae

- mehrjährig
- Standort: sonnig–halbschattig, frisch
- Nährstoffbedarf: mittel
- Erntezeit: Mai–September
- Wuchsintensität: mittel

Besonderheiten: Vom Koriander lassen sich sowohl die Blätter als auch die Früchte (Samen) verwenden. Koriander gehört zu jenen Heil- und Küchenkräutern, die schon in den alten Hochkulturen sehr beliebt waren.

Wirkung: antibakteriell, krampflösend, verdauungsfördernd. Mit Honig vermischte, zerstoßene Früchte helfen bei Husten.

Verwendung: Tee (wahlweise aus Blättern und/oder im Mörser zerstoßenen Früchten), Tinktur, Gewürz für Fleisch-, Fisch-, sowie asiatische Gerichte, Soßen, zum Einlegen von Gurken und Roter Bete

Doppelgänger: Gefleckter Schierling, junger Kerbel, Petersilie

KÜMMEL

(CARUM CARVI)

Familie: Doldenblütler, Apiaceae

- zweijährig
- Standort: sonnig, frisch
- Nährstoffbedarf: mittel
- Erntezeit: Juni–August
- Wuchsintensität: mittel

Besonderheiten: Kümmel, auch Echter und Wiesenkümmel genannt, gehört zu den ältesten Würzpflanzen der Menschheit. Aber er besitzt nicht nur sehr gute Würz-, sondern auch hervorragende Heileigenschaften. Geerntet werden die Früchte (Samen), die sich sowohl im Ganzen als auch im zerdrückten Zustand verwenden lassen.

Wirkung: antibakteriell, antirheumatisch, appetitanregend, durchblutungsfördernd, krampflösend, fördert den Gallenfluss und wirkt gegen Blähungen, lindert Zahnschmerzen

Verwendung: Tee, Tinktur, Kümmelwein, Suppen, Kartoffel-, Kohl- und Fleischgerichte

Doppelgänger: Anis

LAVENDEL

(LAVANDULA ANGUSTIFOLIA)

Familie: Lippenblütler, Lamiaceae

- mehrjährig
- Standort: sonnig, trocken, kalkhaltig
- Nährstoffbedarf: gering
- Erntezeit: Mai–September
- Wuchsintensität: mittel

Besonderheiten: Lavendel ist ein ursprünglich im Mittelmeerraum und in Südfrankreich verbreiteter Halbstrauch. Seine jungen Blätter, Triebspitzen und Blüten lassen sich sowohl in der Küche als auch in der Hausmedizin verwenden.

Wirkung: antiseptisch, antirheumatisch, beruhigend, krampflösend, blutdrucksenkend, schlafördernd, lindert Schmerzen bei Neuralgien, Migräne und Gürtelrose, hilft bei Herz-und Kreislaufschwäche

Verwendung: Tee, Tinktur, Ölauszug, Kräuterkissen, Badezusatz, Blüten als Bestandteil von Marmeladen und Kräuteressig sowie zur Dekoration von kalten Platten

LIEBSTÖCKEL

(LEVISTICUM OFFICINALE)

Familie: Doldenblütler, Apiaceae

- mehrjährig
- Standort: sonnig–halbschattig, frisch
- Nährstoffbedarf: mittel–hoch
- Erntezeit: Mai–Juli
- Wuchsintensität: hoch

Besonderheiten: Aufgrund seines Geruchs und Geschmacks wird Liebstöckel im Volksmund oft als Maggikraut bezeichnet. Traditionelles Gewürzkraut, das seit Jahrhunderten fester Bestandteil in Kloster- und Bauerngärten ist. Als Erntegut eignen sich vor allem junge Triebe sowie obere Blätter der älteren Triebe.

Wirkung: antirheumatisch, blutstillend, harntreibend, krampflösend, schleimlösend, schweißtreibend, verdauungsfördernd

Verwendung: Tee, Würzen von Suppen, Eintöpfen, Soßen und Bratengerichten, Kräuteröl

MEERRETTICH

(ARMORACIA RUSTICANA)

Familie: Kreuzblütler, Brassicaceae

» mehrjährig
» Standort: sonnig–sehr feucht
» Nährstoffbedarf: hoch
» Erntezeit: September–April
» Wuchsintensität: hoch

Besonderheiten: Meerrettich, auch als Kren bezeichnet, stammt aus Westasien und Südrussland. Als Gartenkultur neigt sie zum Verwildern und ist deshalb oft auf feuchten Wiesen und an Gewässerufern anzutreffen. Genutzt wird vom Meerrettich die Wurzel.

Wirkung: antibakteriell, antirheumatisch, fiebersenkend, immunsystemstärkend, lindert Gicht, Asthma und Kopfschmerzen

Verwendung: Kompressen mit feingeraspelten Wurzeln, in Scheiben geschnitten gegen Insektenstiche aufgelegt, mit Honig vermischt gut gegen hartnäckigen Husten, Fleisch- und Fischgerichte, Soßen, Dips und Sahnemeerrettich

OREGANO

(ORIGANUM VULGARE)

Familie: Lippenblütler, Lamiaceae

» mehrjährig
» Standort: sonnig, trocken
» Nährstoffbedarf: gering
» Erntezeit: Juni–September
» Wuchsintensität: mittel

Besonderheiten: Oregano, auch als Echter Dost bezeichnet, hat im Unterschied zu dem etwas süßlicheren Majoran einen leicht herben Geschmack. Weil die Pflanze nicht absolut winterhart ist, sollte ihr Standort im Herbst mit trockenem Falllaub und Nadelreisig abgedeckt werden.

Wirkung: antiviral, verdauungsfördernd, lindert Menstruationsbeschwerden, Cellulitis, hilft bei Ekzemen, Keuchhusten sowie Schuppenflechte

Verwendung: Tee (nicht während der Schwangerschaft), Tinktur, Tomaten-, Nudel- und Fleischgerichte, Pizza, Bratkartoffeln und Soßen

Doppelgänger: Majoran

PETERSILIE

(PETROSELINUM CRISPUM)

Familie: Doldenblütler, Apiaceae

- anderthalbjährig
- Standort: sonnig, frisch
- Nährstoffbedarf: mittel
- Erntezeit: Mai–Oktober
- Wuchsintensität: mittel

Besonderheiten: Petersilie ist wohl das bekannteste Küchenkraut. Außer Sorten mit gekräuselten und nicht gekräuselten Blättern (die in ihrer Form an Sellerieblätter erinnern) existiert eine Unterart mit stark verdickten (essbaren) Wurzeln. Diese Unterart wird als Wurzelpetersilie bezeichnet. Neben der Wurzel eignen sich auch deren Blätter für die Küche. Petersilie enthält viel Vitamin C, das beim Kochen stark reduziert wird. Deshalb sollte man einen weitgehenden Rohverzehr favorisieren.

Verwendung: Tee, Suppen, Soßen und Eierspeisen, Quarkgerichte und Gemüsesalate sowie zum Garnieren

PFEFFERMINZE

(MENTHA X PIPERITA)

Familie: Lippenblütler, Lamiaceae

- mehrjährig
- Standort: halb- bis vollsonnig, feucht
- Nährstoffbedarf: mittel
- Erntezeit: April–September
- Wuchsintensität: mittel–hoch

Besonderheiten: Obwohl die Pfefferminze auch in der Küche verwendet wird, kann man sie als Klassikerin unter den Heilpflanzen ansehen. Es handelt sich bei ihr um eine Kreuzung aus Wasserminze, Mentha aquatica, und Grüner Minze, Mentha spicata. Außer der Pfefferminze werden oft weitere Minzen kultiviert, die neben dem typischen Menthol-Aroma einen zusätzlichen „Begleitgeschmack“, beispielsweise nach Orangen oder Ananas, haben.

Wirkung: antibakteriell, krampflösend, schlaffördernd

Verwendung: Longdrinks und Süßspeisen, Tee, Kompressen, Naturkosmetik

RINGELBLUME

(CALENDULA OFFICINALIS)

Familie: Korbblütler, Asteraceae

» ein- bis zweijährig
» Standort: sonnig, trocken–frisch
» Nährstoffbedarf: gering–mittel
» Erntezeit: Juni–Oktober
» Wuchsintensität: mittel

Besonderheiten: Ringelblumen könnte man auch als die „Verkannte" bezeichnen, denn mit kaum einer anderen Pflanze lassen sich so viele Krankheiten kurieren wie mit ihr. Hinzu kommt, dass es nur wenige Menschen gibt, die auf Ringelblumenerzeugnisse allergisch reagieren. Ringelblumen tendieren zum Verwildern, weshalb man sie oft in der freien Natur findet.

Wirkung: abschwellend, antibakteriell, entzündungshemmend, krampflösend, pilztötend, schmerzlindernd, schweißtreibend, allgemeine Stärkung des Körpers

Verwendung: Tee, Salben und Tinkturen

Doppelgänger: Strohblumen, Zinnien

ROSMARIN

(ROSMARINUS OFFICINALIS)

Familie: Lippenblütler, Lamiaceae

» mehrjährig
» Standort: sonnig, trocken, kalkhaltig
» Nährstoffbedarf: gering
» Erntezeit: Mai–September
» Wuchsintensität: gering

Besonderheiten: Beim Rosmarin handelt es sich um einen immergrünen, kleinen Strauch aus der Mittelmeerregion, der nicht winterhart ist. Deshalb bietet sich eine Kultur im Kübel an, sodass man die Pflanze ohne größeren Aufwand in einem hellen frostfreien Raum überwintern kann. Als Erntegut fungieren die Triebspitzen und jungen Blättchen.

Wirkung: antirheumatisch, antibakteriell, entzündungshemmend, krampflösend, pilztötend, schmerzstillend, verdauungsfördernd, hilft bei Herz- und Kreislaufbeschwerden sowie bei Haarausfall, lindert Migräne

Verwendung: Tee, Tinktur, Fleisch-, Grüne Bohnen- und Kartoffelgerichte, Soßen

THYMIAN

(THYMUS VULGARIS)

Familie: Lippenblütler, Lamiaceae

- meist einjährig
- Standort: sonnig, trocken, kalkhaltig
- Nährstoffbedarf: gering
- Erntezeit: Juni–Juli
- Wuchsintensität: schwach–mittel

Besonderheiten: Thymian erfreut sich seit Langem als Heil- und Küchenkraut großer Beliebtheit. Allerdings wird seine Heilwirkung dabei häufig unterschätzt.

Wirkung: antibakteriell, antirheumatisch, beruhigend, blutstillend, desinfizierend, entzündungshemmend, hautreinigend, krampflösend, pilztötend, schlaffördernd, schleimlösend, schmerzlindernd, schweißtreibend und wundschließend, lindert Wechseljahrbeschwerden und hilft bei Nieren- und Blasenschwäche

Verwendung: Tee, Salben, Füllung für Kompressen, Gewürz für Wild, Braten, Suppen, Soßen, Pizzen und Nudelgerichte sowie Verarbeitung zu Kräuteröl

WERMUT

(ARTEMISIA ABSINTHIUM)

Familie: Lippenblütler, Lamiaceae

- mehrjährig
- Standort: sonnig, trocken, kalkhaltig
- Nährstoffbedarf: gering
- Erntezeit: Juli–August
- Wuchsintensität: mittel

Besonderheiten: Wermut wurde bereits in der Antike und in mittelalterlichen Klöstern verwendet. Im Garten neben Pflanzen platziert, verhindert er an seinen Nachbarn Wühlmausfraß.

Wirkung: blutbildend, blutreinigend, entwurmend, verdauungsfördernd, kreislaufstärkend, hilft bei Gallenbeschwerden und Mundgeruch

Verwendung: sehr sparsame Würze für Fleisch- und Wildgerichte, Tee (obwohl dieser sehr bitter schmeckt, sollte man ihn ungesüßt trinken, da sonst ein Teil seiner Wirksamkeit verloren geht), Wermut enthaltender Absinth löst bei häufigem Genuss oft Schwindel und Delirien aus.

Doppelgänger: Beifuß

YSOP

(HYSSOPUS OFFICINALIS)

Familie: Korbblütler, Asteraceae

» ein- bis zweijährig
» Standort: sonnig, trocken–frisch
» Nährstoffbedarf: gering–mittel
» Erntezeit: Juni–Oktober
» Wuchsintensität: mittel

Besonderheiten: Die ursprüngliche Heimat dieses Halbstrauchs, von dem vorzugsweise nur junge Blätter und Triebspitzen genutzt werden, ist Nordafrika. Die Geschichte des Ysops als Heil- und Gewürzpflanze reicht bis in die Antike zurück. Um Ysop im Winter vor Erfrierungen zu schützen, sollte sein Standort mit Nadelreisig abgedeckt werden.

Wirkung: Gallenfluss fördernd, lindert Bronchitis und Asthmabeschwerden sowie Magen-Darm-Katarrhe

Verwendung: Tee und Teemischungen, Suppen, Soßen, Salate, Tomatengerichte, Kräuterquark, Braten

Doppelgänger: Bohnen- und Bergbohnenkraut

ZITRONENMELISSE

(MELISSA OFFICINALIS)

Familie: Lippenblütler, Lamiaceae

» mehrjährig
» Standort: sonnig, trocken
» Nährstoffbedarf: mittel
» Erntezeit: April–Juli
» Wuchsintensität: mittel–hoch

Besonderheiten: sehr vielseitig verwendbares, wuchsfreudiges Heil- und Würzkraut, das ausgesprochen gut vertragen wird. Wird die Pflanze getrocknet, geht leider viel Aroma verloren. Vorzugsweise erntet man nur die Triebspitzen.

Wirkung: antibakteriell, entspannend, blutreinigend, krampflösend, pilzhemmend, virushemmend, stärkt die allgemeinen Abwehrkräfte des Körpers

Verwendung: Tee, Tinkturen und Ölauszug, Salate, Süßspeisen, Soßen, Fleisch- und Fischgerichte

Doppelgänger: Gelbe Taubnessel

ACKERSCHACHTELHALM

(EQUISETUM ARVENSE)

Familie: Schachtelhalmgewächse, Equisetaceae

- mehrjährig
- Standort: sonnig, trocken–feucht
- beste Sammelzeit: Mai–August
- Sammelgut: junge Triebe

Besonderheiten: Anders als der giftige Sumpfschachtelhalm wächst der Ackerschachtelhalm nicht in sumpfigem Gelände, sondern auf Feldern und Wiesen. Der Ackerschachtelhalm wird auch Zinnkraut genannt, weil man die Pflanze früher zum Putzen von Zinngeschirr verwendete.

Wirkung: antirheumatisch, blutreinigend, blutstillend, hautstraffend, entzündungshemmend, harntreibend, hilft bei Blasen- und Nierenschwäche sowie bei Ödemen

Verwendung: Tee, Kompressen, Bäder (in diese gibt man hochkonzentrierten Tee), Shampoo (gegen fettiges Haar)

Doppelgänger: Sumpfschachtelhalm

BÄRLAUCH

(ALLIUM URSINUM)

Familie: Amaryllisgewächse, Amaryllidaceae

- mehrjährig
- Standort: halb- bis vollschattig, feucht
- Nährstoffbedarf: mittel
- Erntezeit: Ende März–Ende April
- Wuchsintensität mittel

Besonderheiten: Bärlauch verströmt sehr intensiven Knoblauchgeruch. Bei Beachtung dieses Geruchs ist eine Verwechslung mit anderen Pflanzen nahezu unmöglich. Als Standort im Garten bieten sich freie Flächen unter winterkahlen Gehölzen wie unter einem Schlitzahorn an, deren Laub erst Ende April sprießt. Es werden vor allem die Blätter geerntet. Zudem sind auch die Zwiebeln, die Blütenknospen (als Bärlauch-Kapern eingelegt) und die Blüten (eignen sich zum Garnieren) zum Verzehr geeignet.

Verwendung: Dip-Soßen, Suppen, Salate und Pestos

Doppelgänger: Maiglöckchen, Herbstzeitlose (Achtung: beide sind giftig)

BEIFUSS

(ARTEMISIA VULGARIS)

Familie: Korbblütler, Asteraceae

- mehrjährig
- Standort: sonnig, trocken
- beste Sammelzeit: Mai–Juni
- Sammelgut: junge Blätter

Besonderheiten: Die Blätter des Beifußes sollten möglichst nicht mehr gepflückt werden, wenn die Pflanze zu blühen beginnt, weil der enthaltene Bitterstoffgehalt dann stark ansteigt. Man kann ihn zwar auch im Garten kultivieren, in der Natur kommt er aber ohnehin sehr häufig vor.

Wirkung: antibakteriell, antirheumatisch, durchblutungsfördernd, entspannend, krampflösend, schlaffördernd, verdauungsfördernd, Gallenfluss anregend

Verwendung: Tee, Ölauszug zur äußerlichen Anwendung, als Gewürz (zu Gänse-, Hammel- und Schweinebraten)

Doppelgänger: Wermut

BLUTWEIDERICH

(LYTHRUM SALICARIA)

Familie: Weiderichgewächse, Lythraceae

- Standort: halb- bis vollschattig, feucht
- beste Sammelzeit: Mai–August
- Sammelgut: Blätter, Wurzeln

Besonderheiten: Als Pflanze für die Ufer- und Flachwasserbereiche erfreut sich der bis 2 m hoch werdende Blutweiderich bei zahlreichen Gartenteichfreuden großer Beliebtheit. Diese Staude besitzt zudem hervorragende Heilwirkungen und kann auch von Kindern sehr gut vertragen werden.

Wirkung: antibakteriell, blutstillend, blutzuckersenkend, hilft gegen Husten und Halsschmerzen (gutes Gurgelmittel) sowie bei Juckreiz, Hautentzündungen und nässendem Hautauschlag

Verwendung: Tee, Kompressen und Umschläge (in Tee getränkt)

BREITWEGERICH

(PLANTAGO MAJOR)

Familie: Wegerichgewächse, Plantaginaceae

- mehrjährig
- Standort: sonnig–halbschattig, frisch
- beste Sammelzeit: Mai–September
- Sammelgut: Blätter

Besonderheiten: Äußerst robuste Pflanze mit sehr trittfesten Blättern. Als „Gartenunkraut" ist Breitwegerich schwer zu bekämpfen, da er eine tiefreichende Pfahlwurzel besitzt.

Wirkung: abschwellend, blutreinigend, blutstillend, entzündungshemmend

Verwendung: Tee

GUT ZU WISSEN

Wenn bei langen Wanderungen die Füße schmerzen oder Blasenbildung droht, kann man sie mit einer Handvoll gekneteten Wegerichblättern einreiben oder die Schuhe mit den Blättern auspolstern. Das wirkt schmerzlindernd und kühlend zugleich.

ECHTER EHRENPREIS

(VERONICA OFFICINALIS)

Familie: Wegerichgewächse, Plantaginaceae

- mehrjährig
- Standort: sonnig, trocken
- beste Sammelzeit: Mai–Juli
- Sammelgut: blühendes Kraut

Besonderheiten: Obwohl sich der Echte Ehrenpreis sehr vielseitig verwenden lässt, ist er in den letzten Jahrzehnten vielerorts in Vergessenheit geraten. Auf seine Vielseitigkeit weist auch die Bezeichnung „Allerweltsheil" hin, die im Mittelalter sehr gebräuchlich war.

Wirkung: blutreinigend, antirheumatisch, lindert Gichtbeschwerden und Asthma, hilft bei Ekzemen, Neurodermitis, Akne sowie Furunkeln

Verwendung: Tee, Tinktur, Füllmasse für Kompressen

Doppelgänger: andere Ehrenpreisarten

ECHTE KAMILLE

(MATRICARIA CHAMOMILLA)

Familie: Korbblütler, Asteraceae

- einjährig
- Standort: sonnig, trocken
- beste Sammelzeit: Mai–August
- Sammelgut: Blüten

Besonderheiten: Kamille gehört zu den am vielseitigsten verwendbaren Heilpflanzen.

Wirkung: antibakteriell, beruhigend, blutreinigend, entzündungshemmend, harntreibend, krampflösend, schmerzlindernd und schweißtreibend

Verwendung: Tee, Kompressen, Dampf- und Vollbäder, Salben, Tinkturen, Naturkosmetik

Unterscheidung: Ihr Doppelgänger, die Hundskamille, verursacht zwar keinen Schaden, hat jedoch auch keinerlei medizinische Wirkung. Zur Identifikation schneidet man eine Blüte vertikal durch und prüft, ob sich im Inneren ein kleiner Hohlraum befindet, den nur die Echte Kamille aufweist.

Doppelgänger: Hundskamillen

FICHTE

(PICEA ABIES)

Familie: Kieferngewächse, Pinaceae

- mehrjährig
- Standort: schattig–halbschattig, frisch
- beste Sammelzeit: Mai–Juli
- Sammelgut: Triebspitzen

Besonderheiten: Die Fichte erfreut sich in der Volksmedizin schon seit Langem großer Beliebtheit und auch der berühmte Hydrotherapeut Sebastian Kneipp verwendete sie gern. Im Unterschied zur ähnlich aussehenden Tanne besitzt die Fichte keine abgeflachten, sondern vierkantige Nadeln. Die jungen Triebspitzen weisen hohe Konzentrationen an Vitamin C und ätherischen Ölen auf.

Wirkung: antibakteriell, durchblutungsfördernd, entspannend, schlaffördernd, schleimlösend, schmerzlindernd, allgemeine Kräftigung des Körpers

Verwendung: Tees, Tinkturen, Ölauszüge und Badezusätze

Doppelgänger: Tanne

FRAUENMANTEL

(ALCHEMILLA VULGARIS)

Familie: Rosengewächse, Rosaceae

- mehrjährig
- Standort: sonnig, frisch
- beste Sammelzeit: Mai–August
- Sammelgut: Blätter

Besonderheiten: Frauenmantel wurde bereits in der Antike als Heilkraut verwendet. Aufgrund der eigenartigen Taubildung auf den Blättern wurden dieser Pflanze in früheren Jahrhunderten sogar wundersame Eigenschaften zugeschrieben. Wie es der Name schon vermuten lässt, fungierte er früher vor allem als Mittel in der Frauenheilkunde.

Wirkung: blutbildend, blutreinigend, krampflösend, fiebersenkend, verdauungsfördernd, schlaffördernd, wundschließend, lindert Wechseljahr- und Menstruationsbeschwerden, Asthma sowie Migräne, hilft bei Ekzemen und Furunkeln

Verwendung: Tee, Ölauszug und Salbe

Doppelgänger: andere Frauenmantelarten

GROSSE BRENNNESSEL

(URTICA DIOICA)

Familie: Brennnesselgewächse, Urticaceae

- mehrjährig
- Standort: sonnig, frisch
- beste Sammelzeit: April–Mai
- Sammelgut: alle oberirdischen Teile

Besonderheiten: Beide Arten sowie die Doppelgängerin sind nutzbar und wirken nahezu identisch. Beim Pflücken sollte man Handschuhe tragen.

Wirkung: antirheumatisch, blutbildend, bluthochdrucksenkend, haarwuchsfördernd, belebend, nierenkräftigend und lindernd bei Menstruationsbeschwerden

Verwendung: Tee, Salate und Gemüse, das spinatartig zubereitet wird

Doppelgänger: Pillenbrennnessel

GROSSES MÄDESÜSS

(FILIPENDULA ULMARIA)

Familie: Rosengewächse, Rosaceae

- mehrjährig
- Standort: sonnig, sehr feucht
- beste Sammelzeit: Juni–Juli
- Sammelgut: Blüten

Besonderheiten: Der Populärname leitet sich nicht von „Mädchen" ab, sondern vom Met. Früher wurden die Blüten oft Getränken, wie etwa dem als Met bekannten Honigwein, zugefügt. Weitere regionale Bezeichnungen lauten Echtes Mädesüß, Wiesenkönigin, Wiesensüß und Wiesengeißbart.

Wirkung: antirheumatisch, blutreinigend, entgiftend, entzündungshemmend, fiebersenkend, hilft bei Erkältungskrankheiten, Nierenerkrankungen, Ödemen sowie Kopfschmerzen und lindert Migräne

Verwendung: Tee, Würzen von Süß- und Fruchtspeisen sowie Getränken (für einen süßlich-herben Geschmack)

Doppelgänger: Kleines Mädesüß

GUNDERMANN

(GLECHOMA HEDERACEA)

Familie: Lippenblütler, Lamiaceae

- mehrjährig
- Standort: schattig–halbschattig, frisch
- beste Sammelzeit: Mai–August
- Sammelgut: Blätter, Blüten

Besonderheiten: Der Gundermann ist eine ganzjährig grüne Pflanze und wird auch als Erd-Efeu bezeichnet. Im Garten ist Gundermann zumeist unerwünscht, da er sich schnell ausbereitet und als Bodendecker oft andere Pflanzen, die seinem Konkurrenzdruck nicht standhalten, schnell verdrängt. Seine Blätter schmecken scharf-bitter.

Wirkung: entzündungshemmend, schleimlösend, stoffwechselfördernd, hilft bei eitrigen, schlecht heilenden Wundem und lindert chronischen Husten und Schnupfen

Verwendung: Tinktur, Füllung für Kompressen, Ölauszug, Gewürz (für Salate, Quark und Kräuterbutter)

HUFLATTICH

(TUSSILAGO FARFARA)

Familie: Korbblütler, Asteraceae

- mehrjährig
- Standort: sonnig, frisch
- beste Sammelzeit: März–Juni
- Sammelgut: Blüten, Blätter

Besonderheiten: Ihren Populärnamen verdankt diese gelegentlich auch als Brustlattich bezeichnete Pflanze der Blattform. Diese ähnelt dem Abdruck eines Pferdehufes. Beim Zerreiben verströmen die Blätter einen balsamartigen Geruch. Im Gegensatz dazu haben die Blätter des Löwenzahns eine längliche Form mit tief eingekerbten Rändern.

Wirkung: anregend, antibakteriell, blutstillend, entzündungshemmend, fiebersenkend, schleimlösend sowie allgemeine Kräftigung des Körpers

Verwendung: Tee (unter anderem als prophylaktisches Getränk sehr gut für Frühlingskuren geeignet)

Doppelgänger: Löwenzahn

HUNDSROSE

(ROSA CANINA)

Familie: Rosengewächse, Rosaceae

- mehrjährig
- Standort: sonnig, trocken bis frisch
- beste Sammelzeit: September- Oktober
- Sammelgut: Früchte (Hagebutten)

Besonderheiten: Dieser bis zu 3 m hohe Strauch wächst oft an Waldrändern, Feldrandstreifen, Wegrändern sowie auf Wiesen und an Böschungen. Die Hagebutten weisen enorm viel Vitamin C, Vitamine aus dem B-Komplex und Fruchtsäuren auf. Man schneidet sie am besten längs auf und entfernt dann das aus Härchen und Kernen bestehende Innenleben. Danach kann man die Hagebutten auch trocknen.

Wirkung: antibakteriell, immunsystemstärkend und bei Steinleiden schmerzlindernd

Verwendung: Tee, Frischverzehr, Marmelade, Wein

Doppelgänger: Stacheldrahtrose (Rosa omeiensis pteracantha)

JOHANNISKRAUT

(HYPERICUM PERFORATUM)

Familie: Johanniskrautgewächse, Hypericaceae

» mehrjährig
» Standort: trocken und sonnig
» beste Sammelzeit: Juli–August
» Sammelgut: Blüten und obere Stängelbereiche

Besonderheiten: Auf das auch als Tüpfelhartheu bezeichnete Johanniskraut reagieren manche sehr hellhäutigen Menschen bei intensiver Sonneneinstrahlung allergisch (Hartheukrankheit). Gelangen trockene Blüten in eine Flüssigkeit, tritt ein roter Farbstoff aus.

Wirkung: antibakteriell, antidepressiv, antirheumatisch, blutbildend, schlaffördernd und schmerzlindernd

Verwendung: innerlich: Tee und Tinktur; äußerlich: Johanniskrautblüten-Öl (gegen Sonnenbrand und Schmerzen sowie bei schlecht heilenden Wunden)

KNOBLAUCHRAUKE

(ALLIARIA PETIOLATA)

Familie: Kreuzblütler, Brassicaceae

» zwei- bis mehrjährig
» Standort: sonnig – habschattig, frisch–feucht
» beste Sammelzeit: Mai–August
» Sammelgut: Blätter und Blüten

Besonderheiten: Die Knoblauchrauke hat einen knoblauchähnlich-pfeffrigen Geschmack. Dieser geht allerdings beim Kochen verloren, weshalb man die Pflanze vorzugsweise roh verwenden sollte. Im Jahresverlauf löst die Knoblauchrauke den Bärlauch ab, sobald dessen Blätter zu welken beginnen.

Wirkung: antibakteriell, lindert Husten, Bronchitis und Asthmabeschwerden

Verwendung: Salate, Dressings, Kräuterquark, Frischkäse

Doppelgänger: Schöllkraut

KORNBLUME

(CYANUS SEGETUM)

Familie: Korbblütler, Asteraceae

» einjährig
» Standort: sonnig , trocken–frisch
» beste Sammelzeit: Juni–August
» Sammelgut: Blüten

Besonderheiten: Ursprünglich war die Kornblume im Mittelmeergebiet zu Hause, von wo aus sie in zahlreiche Regionen der Erde verbreitet wurde. Als Heilpflanze genießt sie seit Langem eine hohe Wertschätzung.

Wirkung: antirheumatisch, blutreinigend, entwässernd, entzündungshemmend, fiebersenkend, nieren- und leberstärkend, hilft bei Akne und schlecht heilenden Wunden

Verwendung: Tee (als Bestandteil für Bäder), Teemischungen, Breifüllung für Kompressen, Tinktur, Gesichtswasser

Doppelgänger: Wegwarte

LÖWENZAHN

(TARAXACUM OFFICINALE)

Familie: Korbblütler, Asteraceae

» mehrjährig
» Standort: sonnig, trocken–frisch
» beste Sammelzeit: März–Mai
» Sammelgut: Blüten, junge Blätter

Besonderheiten: Obwohl der Löwenzahn bereits seit der Antike als Heilpflanze verwendet wird, erhält er inzwischen nur noch selten die Wertschätzung, die ihm eigentlich noch immer gebühren müsste.

Wirkung: antirheumatisch, blutbildend, blutreinigend, hautreinigend, appetitfördernd, fiebersenkend, fördert die Leber- und Gallenfunktionen, kräftigt allgemein den Körper, lindert Menstruationsbeschwerden, hilft bei chronischen Gelenkerkrankungen und Bronchitis

Verwendung: Tee, Tinktur, Frühlingssalate, Gelee und Wein (aus den Blüten)

Doppelgänger: Huflattich

MUTTERKRAUT

(TANACETUM PARTHENIUM)

Familie: Korbblütler, Asteraceae

» mehrjährig
» Standort: sonnig – halbschattig, frisch
» beste Sammelzeit: Mai–September
» Sammelgut: Blüten

Besonderheiten: Ursprünglich war Mutterkraut nur im östlichen Mittelmeerraum verbreitet. Später gehörte es zu den typischen Pflanzen der Bauerngärten. Von dort aus begannen in Mitteleuropa zahlreiche Exemplare zu verwildern.

Wirkung: beruhigend, antirheumatisch, entzündungshemmend, fiebersenkend, durchblutungsfördernd, lindert Gicht und Asthma, fördert den Eisprung, lindert Migräne

Verwendung: Tee, Kompressen (in Tee getränkt), Tinktur

Doppelgänger: Kamillen

QUENDEL

(THYMUS SERPYLLUM)

Familie: Kreuzblütler, Brassicaceae

» mehrjährig
» Standort: sonnig, trocken
» beste Sammelzeit: Juni–August
» Sammelgut: oberirdische Teile

Besonderheiten: Dieser Halbstrauch wird auch als Feld-, Sand- und Wilder Thymian bezeichnet. Er war bereits in der Antike und im Mittelalter als Heilpflanze beliebt.

Wirkung: antibakteriell, blutstillend, entspannend, hustenstillend, krampflösend, nervenstärkend, schleimlösend, schlaffördernd, lindert Wechseljahrbeschwerden, Gürtelrose und Gesichtsrose, hilft bei schlecht heilenden Wunden

Verwendung: Tee, Kompressen (im Tee getränkt), Tinktur, Gewürz (für Wild, Braten, Suppen, Soßen, Pizzen und Nudelgerichte)

Doppelgänger: Thymian

ROSSKASTANIE

(AESCULUS HIPPOCASTANUM)

Familie: Korbblütler, Asteraceae

- mehrjährig
- Standort: sonnig, feucht
- beste Sammelzeit: Mai (Blüten); Oktober (Früchte)
- Sammelgut: Blüten, Früchte

Besonderheiten: Im Unterschied zu den Früchten der Esskastanie eignen sich Rosskastanien nicht zum Verzehr. Allerdings werden die Früchte und die Blüten schon lange in der Volksmedizin zur äußerlichen Anwendung genutzt.

Wirkung: antibakteriell, desinfizierend, entzündungshemmend, hautreinigend, krampflösend, schmerzstillend, hilft bei Schwellungen

Verwendung: Blüten und Früchte für Tinkturen (oft ergänzt mit Wacholderbeeren); Salben (aus den Tinkturen), Kompressen (mit Brei aus Blüten), **Blätter** als Badezusatz

Doppelgänger: Esskastanie

SCHAFGARBE

(ACHILLEA MILLEFOLIUM)

Familie: Korbblütler, Asteraceae

- mehrjährig
- Standort: sonnig, trocken
- beste Sammelzeit: Juni–September
- Sammelgut: oberirdische Teile

Besonderheiten: Schafgarbe erfreute sich bereits bei den antiken griechischen Ärzten eines großen Zuspruchs. Regional wird Schafgarbe auch als „Kamille des kleinen Mannes" bezeichnet, obwohl sie noch wirksamer ist.

Wirkung: antirheumatisch, blutreinigend, blutdrucksenkend, blutstillend, entzündungshemmend, hautreinigend, krampflösend, wundheilend, hilft bei Wechseljahr- und Menstruationsbeschwerden, allgemeine Stärkung des Körpers

Verwendung: Tee, Tinkturen, Brei für Kompressen

Doppelgänger: Gefleckter Schierling

SOMMERLINDE

(TILIA PLATYPHYLLOS)

Familie: Lindengewächse, Tiliaceae

- mehrjährig
- Standort: sonnig, frisch
- beste Sammelzeit: Juni–Juli
- Sammelgut: Blüten

Besonderheiten: Linden können bis zu 1200 Jahre alt werden. In Mitteleuropa blüht die Sommerlinde etwas früher als die Winterlinde. Im Unterschied zur Sommerlinde weisen die Blattunterseiten der Winterlinde an den Verzweigungen ihrer Blattadern kleine rostrote Haarbüschel auf.

Wirkung: appetitanregend, beruhigend, blutdrucksenkend, entspannend, fiebersenkend, krampflösend, schleimlösend, schweißtreibend

Verwendung: Tee, Teemischungen, Liköre, Gelee

Doppelgänger: andere Lindenarten und -hybriden

WEISSDORN

(CRATAEGUS SPP.)

Familie: Rosengewächse, Rosaceae

- mehrjährig
- Standort: sonnig, trocken–frisch
- beste Sammelzeit: Mai–Juni, Juli–August
- Sammelgut: Blüten, Früchte

Besonderheiten: In Mitteleuropa kommen der Eingrifflige, Crataegus monogyna, der Zweigrifflige, Crataegus laevigata, und der Großkelchige Weißdorn, Crataegus rhipidophylla, vor, die man alle in der Hausmedizin verwenden kann.

Wirkung: beruhigend, blutdrucksenkend, durchblutungsfördernd und schlaffördernd

Verwendung: Tee, Tinktur

Doppelgänger: weitere Weißdorn-Arten

IMPRESSUM

Bibliografische Information
der Deutschen Bibliothek.

Die Deutsche Bibliothek verzeichnet diese Publikation in der Deutschen Nationalbibliografie.

Detaillierte bibliografische Daten sind im Internet über http://www.dnb.de/ abrufbar.

EIN BUCH DER EDITION MICHAEL FISCHER

1. Auflage 2023

Covergestaltung: Nathalie Hochholzer
Redaktion und Lektorat: Corinna Scherr
Layout: Zoe Mitterhuber
Satz: Jonas Högerl, Emilia Ruppel

Bildnachweis: Cornelia Gutjahr: S. 40 li + re, 41 li, 42 li + re, 45 li + re, 46 li + re, 48 re, 49 li + re, 50 li + re, 51 li + re, 52 li + re, 53 li + re, 54 li, 55 li + re, 56 re, 58 re, 59 li, 60 li + re, 90 li, 63 li; Robert Schlossnickl, Hamburg: (S. 2, 21, 22, 23, 25, 26, 27, 31, 32) Kristjan Matic: S. 11; Nadja Buchczik und Anton Enns: S. 33;

Shutterstock: © mythja (Titelbild), © Ton Photographer 4289 (Strukturhintergrund), © attem (S. 3), © Floydine (S. 4), © Uniyok (S. 5, 15), © tina gould (S. 6), © Hochzeiter (S. 7), © AndiPu (S. 8), © bluedog studio (S. 9), © DUSAN ZIDAR (S. 10), © Yala (S. 14), © Valentina_G (S. 16, 32), © CodoMa (S. 17), © SariMe (S. 18), © terra incognita (S. 19), © foxyliam (S. 29), © Vladimir Kruglove (S. 30), © Olga Nosack (S. 31), © Nenilkime (S. 34, 36, 40), © Maleo (S. 35), © Madeleine Steinbach (S. 37), © Kamieshkova (S. 38), © Dustick (S. 39), © Heike Rau (S. 41 re), © Elena Koromyslova (43 li), © DSGNSR1 (S. 43 re), © greendust (S. 44), © gunsan gimbanjang (S. 44 re), © Scisetti (S. 47 li), © Bubushonok (S. 47 re), © Polina Shestakova (S. 48 li), © dadalia (S. 54 re), © GoodStudio (S. 56) © Christian Camus (S. 56 li), © dabjola (S. 57 li), © Miroslav Hlavko (S. 57 re), © Konrad Weiss (S. 58 li), Martin Fowler (S. 59 re), © PapermintDesign (S. 61), Brzostowska (S. 61 li, 63 re), © R. Maximiliane (S. 61 re), © tamu1500 (S. 62 re).

ISBN 978-3-7459-1457-3

Gedruckt bei PNB Print SIA „Jansili", Silakrogs, Ropazu novads, LV-2133, Lettland

www.emf-verlag.de